DE LA

PUISSANCE MARITALE

PAR

GUSTAVE SEDILLON

Docteur en droit

Avocat à la Cour impériale

THÈSE DE DOCTORAT

PARIS

ANCIENNE MAISON GUSTAVE RETAUX.

PICHON-LAMY ET DEWEZ, LIBRAIRES-ÉDITEURS,

Rue Cujas, 15.

1869

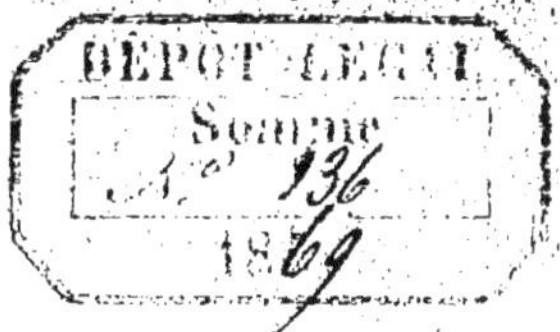

DE LA

PUISSANCE MARITALE

PAR

GUSTAVE SEDILLON

Docteur en droit

Avocat à la Cour impériale.

THÈSE DE DOCTORAT

PARIS

ANCIENNE MAISON GUSTAVE RETAUX.

PICHON-LAMY ET DEWEZ, LIBRAIRES-ÉDITEURS,

Rue Cujas, 15

1869

A MON PÈRE. — A MA MÈRE.

A MON ONCLE ET PARRAIN

—

A MA TANTE

A MON AMI

ALEXANDRE RIOCHANO

DE

LA PUISSANCE MARITALE

DE

LA PUISSANCE MARITALE

L'homme non marié n'est homme qu'à moitié.
FICHTE.

INTRODUCTION.

Le Mariage que Portalis et après lui tous les auteurs définissent « la société de l'homme et de la femme qui s'unissent pour perpétuer leur espèce, pour s'aider par des secours mutuels à porter le poids de la vie, et pour partager leur commune destinée (1) » soumet la personne et les biens de la femme à la puissance de son mari.

Pourquoi cette inégalité dans la position des deux époux? Nous en trouvons la raison dans la définition même du ma-

(1) Cette définition pèche en ce qu'elle présente la vie comme un poids, comme un fardeau, de sorte qu'il semble que l'homme n'a été créé qu'en vue du malheur. C'est le germe d'un système philosophique aussi faux que dangereux.

riage. C'est une société, avons-nous dit, or, dans toute société, il faut un chef chargé de diriger les intérêts communs. Le chef ici, c'est le mari Si l'épouse est frappée d'une incapacité qui commence avec le mariage et finit avec lui c'est pour assurer l'unité d'administration dans le ménage.

Est-ce à dire pour cela que le rôle de la femme soit un rôle effacé? Loin de nous une telle pensée! Nous sommes les premiers à reconnaître l'influence de la femme si justement dite « le ministre de l'intérieur »; et puis l'histoire n'est-elle pas là pour nous la rappeler, cette influence vieille comme le monde. « Nul changement ne s'est accompli dans la condition particulière de la femme sans réagir aussitôt sur la constitution de la société tout entière. Partout où l'homme a dégradé la femme, il s'est dégradé lui-même, partout où il a méconnu les droits de la femme, il a perdu lui-même ses propres droits.

Ainsi, dans tous les pays où la femme est traitée en esclave, l'homme a perdu le sentiment et jusqu'à la notion de la liberté. On le voit par ces pays d'Orient où règne la polygamie, et qui sont, comme dit Montesquieu, « la vraie patrie du despotisme » ; la femme y appartient à l'homme, mais l'homme à son tour appartient au despot ; tyran dans son sérail, il est esclave partout ailleurs.

Là où la femme a conservé son indépendance, mais a perdu sa pudeur, où la licence des mœurs et la facilité des divorces ont déshonoré le mariage, on a vu bientôt le sentiment de dignité personnelle s'effacer chez le citoyen comme chez l'homme privé, et la corruption, cachée d'abord au sein des familles, envahir de proche en proche le corps social tout entier.

Partout au contraire où les institutions ont assuré à la femme sa liberté, sa capacité civile, sa dignité morale, on a vu fleurir, comme sur un sol propice, les vertus domestiques et les vertus civiques, les libertés de l'homme privé et les libertés du citoyen (1).»

Et cependant, malgré ces enseignements de l'histoire combien d'unions mal assorties, combien d'existences brisées, parce que les époux ont méconnu la juste limite de leurs droits ou n'ont point su borner leurs prétentions !

(1) M. Gide. Étude sur la condition privée de la femme.

LÉGISLATIONS ANCIENNES

PRÉLIMINAIRES.

La femme est le champ du mari.
LOIS DE MANOU.

Sous ce titre: « *Législations anciennes* » nous ne parlerons que de la puissance maritale chez les Hébreux, dans l'Inde et en Grèce. Cette rapide étude suffira, nous le pensons, pour montrer le véritable caractère de l'autorité du mari qui est en quelque sorte la même chez tous les peuples de l'antiquité, et qui pourrait se résumer en ces mots : l'homme est tout, la femme n'est rien.

I.

CHEZ LES HÉBREUX.

Sub viri potestate eris
GENÈSE.

A l'origine, le mari acquérait sa femme comme on acquiert un esclave, car le mariage n'était qu'une vente transférant au mari les droits du père. Témoins les exemples de

Lia et Rachel vendues chacune pour sept années de travail par Laban à Jacob. Le mari avait droit de vie et de mort sur sa femme; à lui seul tous les droits, tous les biens.

Plus tard la puissance maritale ne nous apparaît plus avec ce droit exorbitant de vie et de mort sur la femme, hors le cas d'adultère. C'est là un progrès. Mais le mari peut répudier son épouse quand bon lui semble ; la simple désobéissance de la femme, en effet, est un motif de répudiation, bien que le mari puisse lui demander les soins même d'une servante « *Quantacumque esset conjugum dignitas, faciem mariti, manus pedes lavabat, poculum ei implebat, ut ministra* (1). » Et cependant les auteurs s'accordent pour dire que la condition de la femme juive était supérieure à celle des femmes chez les nations contemporaines, car Moïse lui avait accordé certaines prérogatives dont ces dernières étaient frustrées.

L'un des premiers effets du pouvoir absolu du mari sur la femme, c'est la polygamie. Et comment en effet, le principe de la monogamie qui implique une réciprocité de devoirs entre l'homme et la femme, une sorte d'égalité entre le plus fort et le plus faible, pouvait-il trouver place dans des pays d'où la notion de la liberté était absente. « Aussi, s'il est une institution qui, à travers toutes les différences de race, de siècle, de religion, de climat, se retrouve identique et immuable dans tout l'Orient, c'est la pluralité des femmes (2). »

(1) Selden. uxor Ebraïca.
(2) M. Gide.

II.

Dans l'Inde.

Quantum mutatus ab illo....
VIRGILE.

Dans l'Inde primitive, le mari achète sa femme, il acquiert sur elle tous les droits qu'avait son père, il peut donc la vendre à son tour. De là à la polygamie il n'y a qu'un pas; celui qui achète sa femme, peut en acheter plusieurs. Ce sont les lois de Manou qui nous révèlent cet achat de la femme en l'abrogeant.

La femme, quels que soient son âge et sa condition, ne peut jamais rien faire de sa propre volonté, elle doit être l'obéissance même; parle-t-elle avec aigreur, elle peut être renvoyée sur-le-champ, et malheur à elle si elle ne sait pas supporter doucement son sort ! le moindre mouvement d'improbation, le moindre témoignage de colère suffisent pour la faire détenir (1).

Elle doit révérer son époux comme un Dieu, c'est le moyen pour elle de ne jamais s'écarter de ses devoirs, et de suivre la vie d'une femme honnête. Comme un Dieu, c'est là l'expression la plus forte qui puisse être employée chez les Indiens. Il suffit, pour s'en faire une idée, de se rappeler le caractère éminemment religieux de ce peuple dont les lois, le

(1) Lois de Manou.

gouvernement, l'administration, l'éducation même viennent des prêtres.

Il faut mentionner ici cette coutume des veuves indiennes de se brûler avec le corps de leurs maris; si nous la trouvons si profondément enracinée dans les mœurs qu'elle apparaît dans tous les siècles, depuis l'époque la plus reculée, c'est un témoignage de plus de la soumission rigoureuse de la femme, mais rien n'a pu nous la faire découvrir dans les institutions (1). Manou dit seulement qu'après la mort de son époux, la veuve ne devait pas même prononcer le nom d'un autre homme; qu'elle devait se maintenir jusqu'à sa mort patiente et résignée, chaste et sobre.

Nous terminerons cet aperçu de la puissance maritale dans l'Inde, en rappelant ce que disait Manou : « la femme est le champ du mari. » Image trop vraie de la servitude et de l'abaissement de la femme.

(1) Diodore de Sicile nous parle de cette coutume indienne; Aristobule dit que celles qui y résistaient étaient déshonorées. (Strabon, liv. XV).

III.

En Grèce.

> C'est le soin de l'homme, que la femme ne s'occupe pas du dehors, pour ne pas causer la ruine du dedans.
>
> Les Sept Chefs, — Eschyle.

Jamais la femme n'a été plus vénérée, le mariage plus en honneur que parmi les héros chantés par Homère. « Il n'est pas d'homme honnête et sensé, dit Achille, qui ne chérisse et n'honore sa femme. » — « Nul bien ici bas, dit l'époux de Pénélope, n'est aussi précieux que l'union conjugale où règnent la concorde et un mutuel amour. » Arété, l'épouse d'Alcinoüs, partage les honneurs de son mari et presque sa puissance : « Quand elle sort dans la ville, tout le peuple la salue ; les hommes l'honorent comme une déesse, et lui soumettent leurs différends. » Telles étaient les mœurs patriarcales de la Grèce héroïque (1).

Combien les contemporains de Lycurgue et de Solon se sont écartés en quelques siècles de ces mœurs simples et pures dont les poëmes homériques nous présentent un si vivant tableau !

A Sparte, les femmes nous apparaissent avec les hommes sur le pied de l'égalité civile la plus absolue; elles sont sou-

(1) M. Gide.

mises aux mêmes exercices aux mêmes travaux. Une étrangère en manifestait son étonnement à la femme de Léonidas, celle-ci lui répondit : « c'est que nous sommes les seules femmes qui donnent naissance à des hommes. » Mais ces institutions sur la condition des femmes étaient trop avancées sous le rapport de la liberté qu'elles leur laissaient, pour le frein qui devait les contre-balancer et en prévenir lesabus. Aussi une fois que les institutions de Lycurgue commencèrent à veillir, « la corruption fut plus favorisée dans ce pays que partout ailleurs ; les tolérances établies par le législateur se transformèrent en abus, et l'on juge de la dissolution de mœurs qui dût en résulter (1). »

A Athènes, l'organisation domestique est liée étroitement à l'organisation politique, le citoyen tour à tour juge, avocat, accusateur public, législateur, administrateur et soldat, passe sa vie sur la place publique, la femme est reléguée dans son gynécée. La loi ne permet d'avoir qu'une seule femme légitime, mais elle ne défend pas d'avoir en même temps une épouse et une concubine. Ce n'est là, on le voit, qu'une monogamie fort imparfaite, et qui tient de près encore à la polygamie asiatique. Le mari peut prononcer le divorce à son gré, livrer sa femme à un ami, suivant la coutume Lacédémonienne, ou la léguer par testament, comme il arriva au père de Démosthène, qui légua sa femme avec une forte dot à Aphobus. L'in-

(1) Martin, condit des femmes.

tention même de l'adultère est punie ; convaincue, la femme peut être vendue, ou passer dans la maison même de son mari au dernier rang des esclaves.

Pendant le mariage, le mari n'est pas seulement administrateur de la dot, il en est le maître, et son droit n'a d'autres limites que la double obligation, d'une part, d'entretenir la femme et les enfants sur les revenus dotaux, d'autre part, de restituer, lors de la dissolution du mariage, le capital de la dot.

—

Nous venons de voir quels étaient les attributs de la puissance maritale chez les Hébreux, dans l'Inde et en Grèce, nous ne pouvons terminer ce résumé historique sans montrer les étranges contradictions qui existent chez ces différents peuples. La femme dépouillée, asservie, vendue à prix d'argent ou échangée contre les bêtes d'un troupeau est réduite à la condition la plus dégradante et cependant nous voyons Moïse lui accorder un droit particulier, une faculté surnaturelle, le don de prophétiser l'avenir. Manou la protège contre les sévices : « ne frappez pas une femme, même avec une fleur, bien que cette femme soit chargée de fautes. » En Grèce une femme rend des oracles et la Pythie gouverne par ses prédictions les peuples et les rois.

DROIT ROMAIN

PRÉLIMINAIRES.

> Au début de la société romaine, tout est arrangé dans l'intérêt du mari ; par la législation de Justinien, tout est arrangé dans l'intérêt de la femme.
>
> TROPLONG. *Contrat de mariage.*

Si vous consultez d'abord les juristes, qui, d'ordinaire, n'étudient les institutions que dans les textes législatifs, ils vous dépeindront avec les couleurs les plus sombres la condition de la femme dans l'ancienne Rome : privée de toutes ces garanties protectrices que lui ménageait la douceur des lois grecques, livrée sans défense au despotisme d'un père ou d'un mari qui avait sur elle droit de vie et de mort, vendue, achetée, acquise par une longue possession, revendiquée en justice comme l'esclave ou la brute, son incapacité et sa servitude ne finissaient qu'avec sa vie.

Mais, si, laissant un instant de côté les formules juridiques, vous regardez ce qu'était la femme dans les mœurs, dans la vie sociale, en un mot dans la réalité, vous voyez, pour ainsi dire, la scène changer tout à coup : ce n'est plus l'esclave impuissante et opprimée, c'est la matrone, la mère de famille, vénérée des esclaves, des clients, des enfants, respectée de son mari, chérie de tous, maîtresse dans la maison, et au dehors étendant son influence jusqu'au sein des assemblées populaires et des conseils du Sénat. Les romains n'avaient pas relégué la femme dans la solitude et le silence du gynécée : ils l'admèttaient dans leurs théâtres, à leurs fêtes, à leurs repas ; partout une place d'honneur lui était réservée ; chacun lui cédait le pas, le consul et les licteurs se rangeaient à son passage (1). Au reste, on la rencontrait rarement sur la place publique ou dans les réunions populaires : aussi sédentaire par vertu que la femme grecque par contrainte, sa place habituelle était près du foyer domestique, dans l'*atrium*. L'*atrium* n'était point, comme le gynécée, un appartement reculé, un étage supérieur de la maison, retraite cachée et inaccessible. C'était le centre même de l'habitation, la salle commune où se réunissait la famille, où étaient reçus les amis et les étrangers. Dès le moment où la nouvelle épouse avait mis le pied dans l'*atrium* de son mari, elle était associée à tous ses droits ; c'est ce qu'exprimait une antique formule : à l'instant de franchir le seuil de sa nouvelle demeure, la mariée adressait à l'époux ces paroles sacramentelles : « *Ubi tu Gaïus, ibi ego Gaïa*, — là où toi tu es maître, moi je vais être maîtresse (2). » La femme devenait maîtresse,

(1) Plutarque. Romulus, 20.
(2) Plutarque. Quæst. rom., 30.

en effet, de tout ce dont le mari était maître ; alors chacun dans la maison l'appelait *domina* ; et Caton l'ancien ne faisait qu'exagérer une observation judicieuse, lorsqu'il s'écriait plaisamment : « partout les hommes gouvernent les femmes ; et nous qui gouvernons tous les hommes, ce sont nos femmes qui nous gouvernent. »

Cette influence de la femme ne s'exerçait pas seulement dans l'ombre du foyer et dans le cercle étroit des intérêts domestiques. A chaque pas de l'histoire romaine, on voit la femme apparaître (1).

Modestin en définissant le mariage « l'union de deux vies, la confusion de deux patrimoines, la mise en commun de tous les intérêts temporels et religieux (2) » nous donne les deux principes fondamentaux du mariage chrétien et moderne, l'indissolubilité du lien conjugal et la monogamie. Il suffit de les rappeler pour montrer ce que vaut l'opinion vulgaire qui représente la puissance maritale dans l'ancienne Rome comme la plus odieuse des tyrannies. Il est dificile de croire que le mari fût un despote et la femme une esclave, là où une fidélité inviolable était le devoir réciproque des deux époux ; et, en effet, une étude plus attentive nous convaincra que le mariage à Rome était une véritable association, où l'autorité du mari n'excluait pas l'indépendance de la femme.

Aux premiers siècles de Rome la *manus mariti* était la

(1) M. Gide.
(2) D. 23, 2, 1.

suite inévitable du mariage, plus tard on imagina un mariage nouveau qui se contractait par le simple consentement et laissait la femme dans sa famille. Cette révolution était déjà accomplie ou en voie de s'accomplir lors de la loi des XII tables.

Viennent les conquêtes de Rome, les mœurs étrangères ; le droit de l'antique cité est en contradiction avec les mœurs et les usages importés de chez les vaincus ; les Grecs que Pline l'ancien représente si sévèrement, *omnium vitiorum genitores*, introduisent à Rome leur civilisation plus avancée, et moins austère vis à vis des femmes ; enfin, un siècle et démi s'écoule à peine et la condition des femmes est changée, bientôt méconnaissable. Jalouses de la liberté domestique de la femme grecque, et impatientes du joug, servies aussi par les guerres perpétuelles de Rome au dehors, qui leur laissaient plus d'empire au dedans, elles tendirent à l'indépendance avec la chance assurée du succès : la richesse des institutions testamentaires, ou des legs faits à leur profit, le luxe qui en dérivait, l'orgueil qu'elles puisaient dans la supériorité de leurs fortunes sur celles de leurs maris corrompaient les mœurs antiques de la famille.

On voit alors les mariages libres se multiplier et l'autorité maritale faiblir rapidement après l'introduction de la dot ; les Romains hésitaient rarement entre l'*imperium* de la *manus* et une riche dot, qui leur permettait de satisfaire leurs brigues ambitieuses ou leurs caprices voluptueux :

les maris recevaient l'argent et vendaient leur puissance : « *Argentum accepi, dote imperium vendidi* (1). » Les mœurs primitives allaient sombrer : les femmes qui, en donnant des dots, savaient retenir à titre de paraphernaux, une bonne partie de leur fortune indépendante, devinrent d'une audace incroyable et foulèrent aux pieds toute pudeur conjugale, quand elles se mirent à prêter de fortes sommes à leurs maris, qu'elles tenaient dès lors sous leur dépendance, par la menace de les poursuivre au moindre mot de désapprobation : « *Pecuniam viro dat mutuam : postea ubi irata facta est, servum receptitium sectari atque flagitare virum, jubet*(2). »

Ici nous trouvons du côté des mœurs et de la puissance maritale, les efforts d'un homme, que son caractère ferme et son inébranlable vertu ont fait appeler le dernier des Romains. Caton éleva sa voie courageuse pour tempérer le débordement, opposa aux hommes le caractère des anciens Romains, aux femmes leur ancienne subordination et la licence de leurs prétentions nouvelles ; mais ses discours et son exemple, s'ils réussirent à faire passer les lois Appia et Voconia, n'eurent pas une grande influence au point de vue des mœurs.

La loi Voconia, semblait cependant toucher à la source du mal, l'excessive richesse des femmes. Mais la dot et les mariages libres *jam nunc moribus recipiebantur*, et le

(1) Plaute. Asin. 1, 1, v. 74.
(2) Aulu Gelle. 27, 6.

remède, efficace peut-être un siècle et demi plus tôt, n'eut aucun résultat. La loi Voconia prohibait toute institution d'héritier en faveur d'une femme romaine mariée ou non, et quant aux legs qu'on pouvait lui faire, elle les limitait d'une manière assez étroite.

Mais quand les abus sont une fois enracinés dans les mœurs, les lois sont souvent impuissantes à les détruire. La loi Voconia fut critiquée par Cicéron lui-même, et si elle ne fut point abrogée, on trouva du moins le moyen de s'y soustraire ; la loi n'avait prohibé que les legs, on multiplia les fidéicommis.

Si maintenant, il est vrai, comme le dit M. Laferrière, que la faculté de divorcer était réciproque dès ce temps, la femme riche tenait en réalité son mari obéré sous sa puissance, par la crainte qu'elle ne lui envoyât à chaque instant le *libellum repudii*, qui l'eût mis dans l'obligation de restituer la dot.

Sous Auguste, l'ancienne *manus*, était impossible à reconquérir par les lois, tant était grande son opposition avec les mœurs, et cependant l'empire était épuisé d'hommes qui avaient péri, en grand nombre, par les prescriptions, les luttes civiles et les guerres au dehors. Il fallait des citoyens pour défendre les immenses conquêtes auxquelles l'État romain était arrivé : il fallait encourager les mariages. C'est à quoi il fut pourvu par une loi célèbre d'Auguste, la loi Julia *de adulteriis* qui interdit au mari l'aliénation du fonds dotal sans le consentement de la femme. En retirant ainsi au mari la libre disposition du bien dotal, on ménagea à la femme le moyen de trouver un nouvel époux. La conservation dela dot fut élevée, dans ce but, à la hauteur d'un intérêt public : « *Interest reipublicæ mulieres dotes salvas habere propter quas nubere possunt.* (1) »

Sous Claude le sénatusconsulte Velléien vient encore protéger les femmes en leur défendant d'intercéder pour autrui.

Sous Valentinien, les droits du mari sur la dot sont atteints pas une Novelle qui confère aux père et mère survivant, la moitié de la dot adventice.

Le christianisme par son action sur les mœurs aussi bien que sur les institutions de Rome tend à consolider, au nom de la famille, les principes surtout politiques émanés de la loi Julia; représentant des intérêts de la femme et des enfants, il protége les biens dotaux, qu'il ne donne plus comme moyen d'engager aux secondes noces, auxquelles il est en général défavorable, mais dont la restitution à ses yeux, paraît au moins un obstacle au divorce qu'il réprouve.

Nous touchons à la dernière phase, à Justinien ; la protection des femmes, dans leur personne et dans leurs biens est à son apogée, aussi M. Troplong dit-il : « Un esprit de protection exagérée de la femme est le véritable caractère de cette législation : le progrès y est sacrifié. »

Justinien, en effet, alla si loin dans son système de conservation de la dot, qu'il fut obligé de revenir sur ses propres décisions, et d'accorder à la confirmation par la femme, hors mariage, de l'aliénation de sa

(1) D. 23, 3, 2.

dot, la validité qu'il lui avait refusée tout d'abord.

Mais n'anticipons pas sur les développements à donner aux réformes de Justinien, et contentons-nous d'en signaler les principales en terminant cette esquisse préliminaire. La prohibition d'aliéner les immeubles dotaux, fut étendue même aux fonds provinciaux, et le consentement de la femme n'eut plus la faculté de valider cette aliénation ; enfin le *dominium*, la propriété du fonds dotal fut enlevée au mari qui n'en fut plus que l'administrateur. La femme put le revendiquer à la dissolution du mariage, et comme privilégiée, sur tous les créanciers du mari, sans pouvoir même, au cas de biens non estimés, renoncer valablement à ce privilége.

Si nous jetons maintenant les yeux sur la puissance maritale qui a été notre point de départ, en la comparant avec la protection dont Justinien entoure les femmes, nous apercevons presque, aux deux extrémités de l'échelle des gradations que nous venons de parcourir, les deux états extrêmes de la condition des femmes, et toute leur histoire est là : « Au début de la société romaine tout est arrangé dans l'intérêt du mari ; par la législation de Justinien, tout est arrangé dans l'intérêt de la femme; par le droit ancien, c'est la condition de la femme qui est la plus mauvaise ; par le droit nouveau, c'est celle du mari qui est la moins bonne. (1) » « *In causa dotium, certe est melior conditio feminarum, quam masculorum* (2) ».

(1) Troplong, C. de M. Préface. p. 64.
(2) Cujas R. S. C. de J. *de rei uxoriæ actione*.

CHAPITRE I

CONVENTIO IN MANUM

La *Manus* est, suivant l'opinion commune, l'expression même de la puissance maritale sur la personne et sur les biens de la femme, elle est considérée comme identique à la puissance paternelle, et analogue au pouvoir du maître sur l'esclave. C'est cette opinion qui nous a été enseignée, et nous l'adopterons.

Suivant certains auteurs la *manus*, du moins dans la dernière forme qu'elle a revêtue, ne confère aucun droit sur la personne de la femme et ne s'exerce que sur ses biens.

La *conventio in manum* est le passage de l'épouse d'une puissance étrangère dans la puissance de son mari, c'est l'entrée même en cette puissance.

I

MOYENS DE CONSTITUER LA MANUS.

Gaïus nous les indique : « *Olim tribus modis in manum conveniebant : usu, farreo, coemptione* (1). »

1° Le mari acquert la *manus* sur sa femme *usu*, lorsque,

(1) Gaius, 1, § 110.

depuis le mariage, la femme est restée une année entière sans interruption dans la maison conjugale : La femme alors *velut annuâ possessione usucapiebatur*. La loi des douze Tables avait prévu le cas où une femme ne voudrait pas tomber sous la *manus* de son mari : il fallait que cette femme eût soin de ne jamais passer une année sans s'absenter *trinoctio*, trois nuits de suite : l'usucapion se trouvait ainsi interrompue. Si le mari avait voulu s'opposer à cette absence de la femme pendant les trois nuits entières fixées par la loi, sa position aurait été regardée comme vicieuse et n'aurait produit aucun effet.

On a soulevé la question de savoir si le mari pouvait acquérir le *manus* sur sa femme *usu*, sans l'autorisation des tuteurs et malgré eux, et soustraire ainsi aux agnats les biens qui devaient leur revenir un jour. Les tuteurs a-t-on dit pour l'affirmative, n'ont pas de pouvoir sur la femme comme le père de famille, ils n'ont aucun moyen de contraindre la femme à interrompre la prescription en passant trois nuits hors du toit conjugal ; en conséquence, M. Troplong (1) est d'avis que le mari pouvait usucaper sa femme malgré ses tuteurs et la placer sous sa puissance. Toutefois ce n'est pas là l'opinion d'Heineccius, à laquelle nous préférons nous rattacher ; il fallait, dit cet auteur (2), l'autorisation du tuteur, autrement, ce pouvoir que nous connaissons si rigoureux, eût été com-

(1) Troplong. C de M. préface.
(2) An. Rom. 4, 10.

plétement nul, si la femme eût pu, en se mariant sans leur consentement, puisqu'il n'est pas nécessaire, aliéner, en même temps que sa personne, les biens sur lesquels ils ont des droits. Voici un texte de Cicéron très-favorable à cette opinion : « *Usu non potuit; nihil enim potest de tutela legitima sine omnium tutorum auctoritate deminui* (1). » D'ailleurs les jurisconsultes n'auraient pas manqué de faire remarquer que par l'*usus*, la femme pouvait arracher ses biens à ses tuteurs et les transmettre à un autre, malgré ces tuteurs qui lui sont nommés uniquement pour l'empêcher de les dépouiller.

2° Le mari acquiert la *manus farreo* ou *confarreatione*, c'est-à-dire au moyen d'un sacrifice dans lequel figure un gâteau de farine *(farreus)* ; ce sacrifice exige des paroles solennelles et la présence de dix témoins, lesquels tiennent lieu peut-être de dix curies (2). Les *Flamines majores* c'est-à-dire ceux de Jupiter, de Mars et de Quirinus, devaient être issus *ex confarreatis nuptiis* ; et il paraît qu'en raison de cette circonstance, la *confarreatio* resta en usage parmi les patriciens, après qu'elle fut tombée en désuétude comme moyen ordinaire de produire la *manus*. Lorsqu'il y avait *nuptiæ confarreatæ*, si le mari voulait répudier sa femme, il fallait employer un sacrifice analogue à celui qui avait eu lieu dans le principe. Ce nouveau sacrifice s'appelait *diffarreatio*.

(1) Cicéron, pro Flacco. 34.
(2) Gaïus. 1, § 112. Fragments d'Ulpien, titre IX.

3° Le mari acquiert la *manus* par la *coemptio*, c'est-à-dire suivant Gaïus, par la *mancipatio*, «*per quamdam imaginariam venditionem, adhibitis non minus quam V testibus, civibus romanis puberibus, item libripende præter mulierem eumque cujus in manum convenit* (1). » Néanmoins les paroles qui doivent être prononcées dans la *coemptio* ne sont pas absolument les mêmes qu'on prononce dans la *mancipatio*. On peut dire que la femme *quæ coemptionem facit* joue un double rôle : elle est tout à la fois venderesse et objet de la vente. La *filiafamilias* fait valablement *coemptio patre auctore* (2) ; et la femme en tutelle fait valablement *coemptio tutoribus auctoribus* (3).

Certains auteurs ont prétendu que la *coemptio* était une vente réciproque, et que, dans le but d'établir l'égalité entre les deux époux, la femme achetait son mari tout aussi bien que celui-ci achetait sa femme.

Deux textes ont été présentés à l'appui de cette opinion : L'un de Nonius *de proprietate* est ainsi conçu : « Dans l'ancienne loi romaine, la femme avait coutume d'apporter au mari trois as : l'un qu'elle prenait à la main était livré au mari *tanquam emendi causâ*..... (4). » L'on en conclut que la femme en donnant un as à son mari était censée l'acheter. Mais si Nonius parle d'un achat, il ne dit point quel est

(1) Gaius. I, § 113.
(2) Coll. leg. mosaïc. IV, II, § 3. IV, VII.
(3) Cicéron pro Flacco, 34. Gaïus I, § 194.
(4) Nonius. de proprietate Sermon. 15-60

l'objet qui doit être acheté : cela peut être la protection du mari ; de même que la femme était censée acheter, au moyen des deux as restant, la protection des dieux lares de la famille, dans laquelle elle entrait, de même elle pouvait feindre d'acheter celle de son mari. Quant au mari lui-même, il ne peut être question de lui dans la phrase de Nonius. Ce texte, en effet, se rapporte à tous les mariages, même à ceux qui ne sont pas accompagnés de *coemptio*. Or, peut-on dire que, pour rétablir l'égalité, la femme achetait son mari, alors que celui-ci ne l'achetait pas elle-même ?

Le second texte est de Boëce (1). Il est entièrement contradictoire avec le texte si simple de Gaïus auquel il est du reste postérieur : Boëce paraît y avoir fait une confusion manifeste et n'avoir pas bien compris ce qu'était la *coemptio*. Nous pensons donc qu'il n'y avait dans la *coemptio* qu'un seul achat, l'achat de la femme par son mari.

II.

EFFETS DE LA MANUS SUR LA PERSONNE DE LA FEMME.

Le principal effet de la *manus*, on peut même dire, celui d'où découlaient tous les autres, était de soumettre la femme à un nouveau pouvoir domestique, « *in familiam viri tran-*

(1) Boëce Com. des Topiques de Cicéron.

sibat filiæque locum obtinebat (1) ». Or cela ne se pouvait pas sans que les liens qui l'unissaient à sa famille primitive fussent rompus. La *manus* opérait donc pour la femme une *capitis deminutio*, en conséquence de laquelle elle n'avait plus avec ses parents antérieurs selon le droit civil, c'est-à-dire ses *agnats*, que le rapport naturel reconnu et organisé par le droit prétorien sous le nom de *cognatio*.

Le droit de vie et de mort que le chef de famille possédait sur ses enfants pesait aussi sur la femme *in manu*. L'histoire mentionne des exemples de ce pouvoir exorbitant. Elle cite un mari qui, au temps de Romulus, fit expirer sa femme sous le bâton pour avoir bu du vin, ce qui fut trouvé d'un excellent exemple : « *Optimo exemplo* (2). » Mais ce droit ne fut considéré que comme un pouvoir de juridiction domestique. Il relevait de l'opinion, et l'on voit le mari, quand il voulait l'exercer, s'entourer d'une sorte de tribunal de famille composé de parents et d'amis.

Dans un discours de Caton sur la dot, rapporté par Aulu Gelle nous voyons que le mari pouvait tuer sa femme au cas d'adultère : « *In adulterio uxorem tuam si deprehendisses, impune necares : illa te, si adulterares, digito non auderet contingere* (3). » Mais nous devons avouer que ce droit du mari nous semble avoir été plutôt la conséquence du mariage que de la *manus*, car la vengeance du mari

(1) Gaïus, I § 111.
(2) Plin., XIV, 14.
(3) Aulu. Gelle. X, 23.

nous apparaît comme un droit naturel consacré par tous les peuples. Vint la loi Julia *de adulteriis*, et le mari, même au cas de flagrant délit d'adultère, n'eut plus le droit de tuer son épouse. Quel droit restait donc au mari, il déférait à son beau-père la conduite de sa femme.

La femme pouvait-elle être vendue par son mari comme les enfants pouvaient l'être par leur père ? La question est assez obscure, mais la majorité des auteurs tient pour la négative. Toutefois le mari pouvait par contrat céder sa femme à un ami avec clause de fiducie, convention de la lui rendre ; c'est ainsi que Caton d'Utique prêta sa femme Marcia à Hortensius, pour en avoir des enfants. César reproche à Caton, non pas le fait en lui-même, mais de l'avoir donnée pauvre et reprise riche. On peut citer encore l'exemple d'Auguste et de Livie, femme de Tibérius Néron.

La femme pouvait encore être mancipée dans le but de dissoudre la puissance maritale résultant de la *manus*, mais il fallait son consentement d'après Paul : « *Omnino emancipare uxorem licuit, sed non invitam.* » Cependant il faut concilier cette restriction avec le pouvoir incontestable que le mari avait de répudier sa femme. Ce droit eût été vain, s'il avait eu besoin du concours de celle-ci pour une dissolution de la *manus*, sans laquelle, malgré le divorce, il aurait eu *loco filiæ* une femme que presque toujours son but avait été d'éloigner. La faculté du divorce remontait jusqu'aux temps les plus anciens de Rome; mais les mœurs avaient été meilleures que la loi, et l'on rapporte à l'an de Rome 520 le premier exemple de répudiation de la femme par le mari.

Un autre des attributs de la *manus*, était le droit donné au mari de continuer pour ainsi dire sa puissance jusqu'après sa mort, en nommant à sa femme par testament, le tuteur en la puissance duquel elle serait après lui, ou en lui laissant le choix de son tuteur.

La femme *in manu* ne pouvait tester : le droit de tester, en effet, n'était pas un droit d'intérêt privé, mais un droit d'ordre public, et la puissance paternelle ne pouvait pas aller jusqu'à donner ce pouvoir, ce droit aux enfants. Par analogie, l'épouse venant prendre le rang de fille dans la famille de son mari ne pouvait pas avoir d'autres droits. Cujas pense cependant que l'épouse pouvait tester (1), et c'est l'opinion seule de ce grand jurisconsulte, qui a pu nous conduire à l'examen d'une question qui nous paraissait assez claire.

Cujas s'appuie sur ce passage des Topiques de Cicéron : « *Si ea mulier, testamentum fecit, quæ se capite nunquam deminuit, non videtur, ex edicto Prætoris, secundum ejus tabulas possessio dari* (2). » Et voici son raisonnement : *a contrario*, dit-il, quand il y a eu *capitis deminutio*, quand la femme était passée dans la famille de son mari, on devait donner la possession de biens *secundum tabulas*.

(1) Cujas, VII, observ XI.
(2) Topique IV.

Mais cet argument *a contrario* de Cujas, suivant la loi assez commune des arguments *a contrario*, ne nous paraît pas très-plausible, et si dans le texte de Cicéron, lá femme qui n'avait pas subi de *capitis deminutio* ne peut avoir la possession de biens *secundum tabulas*, cela nous paraît s'expliquer tout naturellement, par la raison qu'il n'y avait lieu de douter précisément que pour la femme non *in manu*.

Voici maintenant le commentaire de Boëce : « Les femmes dit-il, dans notre ancien droit, étaient dans une tutelle perpétuelle : un mode toutefois de se soustraire à cette puissance était de passer *in manu*, il y avait alors changement du premier état, il y avait *capitis deminutio*. La femme qui ne subissait pas de *capitis deminutio*, qui ne passait pas en la puissance de son mari, faisait-elle un testament sans l'autorisation de son tuteur, c'est alors qu'on se demande, si le préteur donnerait la possession *secundum tabulas* (1). »

Cette explication nous semble détruire l'argument *a contrario* de Cujas, qui n'aurait pu, du reste, lutter contre les règles les plus précises du droit romain.

Lors de la dissolution de la *manus*, la femme tombait, à défaut de tutelle testamentaire, sous la tutelle des agnats de son mari, et non pas sous celle des agnats de son père.

Les autres effets de la *manus* n'étaient plus que comme

(1) Boëce. Com. sur les Topiques.

un dédommagement dans la famille du mari, des droits sacrifiés en quittant la famille du père : la femme dite *materfamiliâs* devenait héritière sienne dans la famille du mari dont elle prenait le nom et partageait les honneurs ; elle avait droit aux *sacra* et aux tombeaux de sa nouvelle famille.

III.

EFFETS DE LA MANUS SUR LES BIENS DE LA FEMME.

Comment mieux résumer la puissance du mari sur les biens de sa femme *in manu*, qu'en citant les paroles d'Ulpien : « *Acquiritur autem nobis, per eas personas, quas in potestate manu mancipiove habemus. Itaque si quid, mancipio puta acceperunt, aut traditum eis sit, vel stipulati fuerint, ad nos pertinet. Item si heredes instituti, legatumve sit...* (1) » et celles de Gaïus : « *Sive quam in manum ut uxorem receperimus, res ejus ad nos transeunt* (2). »

La femme assimilée à la *filiafamilias* était incapable d'avoir des biens. Si elle en possédait au moment où elle entrait dans la famille du mari, ils étaient de plein droit acquis au chef de cette famille, son mari ou son beau-père.

(1) R. d'Ulp. XIX § 18.
(2) Gaïus., 2, §, 98.

La *conventio in manum* opérait sous ce rapport des effets analogues à ceux de l'adrogation. Aussi Gaïus la met-il au nombre des moyens d'acquérir à titre universel. La femme ne pouvait plus acquérir pour elle-même; tout ce qu'elle acquérait désormais était pour le compte du chef de famille qui seul avait *dominium in domo*.

La femme *in manu* ne pouvait donc avoir qu'un pécule. Certains auteurs prétendent même qu'elle ne pouvait en avoir un.

La compensation pour la femme résultait du droit qu'elle avait de succéder dans la famille où elle était entrée, comme si elle avait appartenu à cette famille par la naissance, ainsi que nous l'avons déjà dit. Mais cet ordre de choses fut dérangé quand l'usage du divorce s'introduisit. Lorsqu'on vit souvent des maris répudier leur femme, il y eut à défendre celles-ci contre les suites ruineuses que la *conventio in manum* aurait pu avoir pour elles. C'est ce que l'on fit au moyen des *cautiones rei uxoriæ*. « L'on rapporte, lisons-nous dans Aulu-Gelle, que pendant les cinq cents ans qui suivirent la fondation de Rome, on ne connut ni à Rome ni dans le Latium aucune action, aucune *cautio rei uxoriæ*. En effet, elles n'étaient pas nécessaires, n'y ayant aucun divorce. Aussi Servius Sulpicius, dans son livre sur la dot, a-t-il écrit que les *cautiones rei uxoriæ* ne parurent nécessaires que lorsque Spurius Carvilius, homme noble, eut divorcé avec sa femme en l'an de Rome 523 (1). »

(1) Aulu-Gelle. Nuits attiques. IV. 3.

Les *cautiones rei uxoriæ* étaient une précaution si juste et si naturelle que le prêteur en vint bientôt à accorder une *actio rei uxoriæ* dans le cas où on les avait omises.

On voit que sous ce régime le nom de *dos* n'était pas connu.

IV.

DISPARITION DE LA MANUS.

La *manus* qui conservait encore sa réalité au temps de Cicéron, comme le prouvent divers passages, a presque disparu au temps de Gaïus. Il nous apprend que la constitution de ce pouvoir par *usus* est depuis longtemps abolie, tant par des lois que par désuétude. Il parle encore au présent de la constitution de la *manus* par *coemptio* ou *confarreatio*. L'usage de la *confarreatio* s'était conservé à cause de la nécessité de ce rite religieux pour certains sacerdoces accessibles seulement à des patriciens nés de parents *farreati*. Mais ces mariages étaient devenus si rares que le recrutement de ces sacerdoces avait été rendu très-difficile. Les avantages qui y étaient attachés ne suffisaient pas pour vaincre la répugnance des femmes contre le régime de la *manus*. On imagina, sous Tibère, de rendre un sénatus-consulte qui permît une *confarreatio* ne conférant pas la *manus* et investie seulement d'effets religieux. Cette *confarreatio* produisait une *manus* fictive *quoad sacra tantum*.

A l'époque de Justinien depuis longtemps il n'est plus question de la *manus*, les Institutes n'en parlent pas.

CHAPITRE II.

MARIAGE SANS MANUS

Le mariage, même légitime, ne pouvait pas seul produire la *manus* ; aussi lorsque les formalités acquisitives de la *manus* n'avaient pas été remplies, les femmes devenues légitimes, puisqu'il y avait eu justes noces, étaient soumises à une puissance maritale tout autre que celle résultant de la *manus*, et portaient le nom de *matronæ*.

Au reste, l'introduction d'une nouvelle forme de mariage n'entraîna pas l'abandon de l'ancienne ; elles coexistèrent longtemps, puis la *manus* tomba en désuétude et sous Justinien le mariage sans *manus* est seul connu.

I.

EFFETS DE LA PUISSANCE MARITALE SUR LA PERSONNE DE LA FEMME

La femme ne sortait pas de sa famille. Était-elle sous la puissance paternelle de son père ou du chef de la famille à laquelle appartenait son père, elle y restait. Était-elle en tutelle, suivant la loi qui voulait que toute femme *sui juris* fût perpétuellement en tutelle, elle restait sous l'autorité de ses tuteurs. Ainsi, le père qui conservait sa puissance sur sa fille mariée, pouvait malgré son mariage la juger, la condamner à mort ou la céder noxalement. La femme restée sous sa puissance est prêtée plutôt que cédée au mari.

Il ne faudrait pas en conclure cependant que le mari fût entièrement étranger à sa femme : il y avait entre eux certains rapports constatés par des textes et qui se rapprochent assez des rapports qui existent de nos jours entre deux époux.

Ainsi, la femme doit toujours respect à son mari ; elle lui doit obéissance en tout ce qui n'est pas malhonnête : elle est de plus tenue à certains services domestiques : aucun texte, il est vrai, n'établit cette obligation d'une manière directe, mais cela résulte évidemment de la loi 48 *de ritu nuptiarum*. Le jurisconsulte Hermogénien y dit : « Le patron qui a donné son consentement au mariage de son affranchie perd tout droit aux services de cette affranchie ; car ces services, elle les doit à son mari. » Pouvait-il en être autrement, en effet, et cette conséquence, ne doit-elle pas découler naturellement du mariage ?

La femme doit obéissance à son mari, nous l'avons dit, mais qu'arriverait-il si la femme refusait d'habiter avec son mari ? Le droit romain est muet sur ce point. Nous n'y trouvons aucune disposition qui donne au mari le moyen de contraindre sa femme à habiter avec lui ; nulle part, à ma connaissance, il n'est question de l'intervention possible de l'autorité publique, pour ramener la femme au domicile conjugal. On voit seulement la justice s'entremettre pour défendre le mari contre un père qui veut lui retirer sa fille. Si, en effet, elle s'était mariée sans *manus*, elle restait sous la puissance du *paterfamilias* qui pouvait de cette manière paralyser l'effet du mariage. Les auteurs comiques du vieux temps renferment des allusions à cet usage rigoureux de la puissance paternelle. Cet abut fut corrigé plus tard : on donna au mari une exception contre l'interdit du père, « *ne bene concordentia matrimonia jure patrix potestatis turbentur* (1). » On en vint jusqu'à accorder au mari une action contre le père à l'effet de se faire remettre sa femme : « *De uxore exhibenda atque abducenda, pater etiam qui filiam in potestate habet, a marito recte convenitur* (2). »

Mais je ne trouve pas de texte donnant au mari les moyens de faire rentrer dans la maison conjugale une femme insoumise. On n'aperçoit pas d'autre sanction de ses devoirs, sous ce rapport, que le droit qu'aurait eu le mari de la répudier pour ce motif.

A la fin de la République, l'autorité maritale affaiblie est loin de la rude sévérité des premiers temps, et elle s'en éloigne de jour en jour davantage, jusqu'à ce que l'habitude des divorces vienne lui porter le dernier coup. Dès que la femme put envoyer le divorce à son mari, selon son bon

(1) D. 43, 30, 1, § 5,
(2) Ibid. 2.

plaisir, sans qu'aucun motif sérieux vînt appuyer sa détermination, sans qu'aucune solennité fût exigée, l'autorité maritale ne fut plus qu'un pouvoir précaire, que la femme voulait bien concéder momentanément à son mari.

Trois personnes peuvent envoyer le *repudium* : le mari, la femme et le père de cette dernière. Celui-ci le peut contre le consentement des époux, contre la volonté bien formelle de sa fille. Aucune solennité, aucune forme particulière n'est exigée. Dans la pratique seulement, la femme remet au mari les clefs qu'elle a reçues en entrant dans la maison. Aucune condition n'entrave la liberté de divorcer ; la seule sanction consiste dans des retenues que peut faire le mari sur la dot ou dans la perte du délai qui lui est accordé pour la restituer, suivant qu'il y a faute de l'un ou de l'autre époux. Une telle facilité ne pouvait donner lieu qu'à de nombreux abus, et bientôt le mariage, dissous au gré d'un caprice, n'eut plus rien de fixe ni de stable. Débarrassées en même temps d'une tutelle sévère, maîtresses de leur fortune et passant brusquement de l'asservissement au pouvoir de tout faire, les matrones romaines se livrèrent, sans mesure, à tous les excès d'un luxe scandaleux. Elles ne connaissent aucun frein, rien ne les retient, dit Juvénal :

« *Nil non permittit mulier sibi, turpe putat nil.* »

Un mari est pour elles un voisin qu'elles tourmentent plus ou moins volontiers et qu'elles changent à volonté :

« *Nulla viri cura interea, nec mentio fiunt*
Damnorum ;vivit tanquam vicina marito... »

Un tel état de choses devait attirer l'attention du législateur. La loi Voconia (an 585 de Rome) avait cherché à porter un remède à ce mal corrupteur de la vertu publique, en restreignant pour les femmes le moyen d'acquérir de grandes fortunes. La loi Júlia *de adulteriis* vint plus tard opposer une digue à la fureur des divorces en les soumettant à certaines solennités ; vaines mesures qui furent impuissantes à conjurer le mal et qui n'apportèrent aucun frein à la corruption qui dévorait la société romaine. La famille privée de son chef n'était rien, le mariage était méprisé, et le législateur se trouvait réduit à édicter ses tristes lois caducaires : preuve évidente que là où il n'y a pas de famille, il ne peut y avoir de société bien constituée, et que, sans une autorité respectée, obéie, il ne peut y avoir ni famille ni ordre social.

La religion chrétienne était cependant venue régénérer la vieille société païenne et son influence civilisatrice avait pénétré doucement les institutions romaines. Sa morale sublime releva la femme de la dégradation dans laquelle elle était tombée ; aussi les empereurs chrétiens cherchèrent-ils à réglementer le divorce et à ramener la stabilité des mariages.

Théodose et Valentinien énumérèrent les causes du divorce : la femme pourra quitter le mari homicide, adultère, voleur ; le mari pourra répudier la femme homicide, adultère, empoisonneuse, ou celle qui, malgré lui, court les cirques, les arènes et les théâtres. La femme qui divorce en dehors de ces cas perd sa dot et sa donation anténuptiale; pendant cinq ans, elle ne peut se remarier, sous peine d'infamie. Le mari qui répudie sa femme sans motif, perd sa donation anténuptiale (1).

Justinien sanctionne de peines plus sévères la défense de divorcer sans motifs : la femme est renfermée dans un monastère ; ses biens sont attribués, deux tiers à ses enfants, un tiers au monastère qui la reçoit. Le mari d'abord soumis seulement à une peine pécuniaire, est aussi renfermé dans un cloître et privé de ses biens (2). La femme peut envoyer le divorce sans encourir les peines prévues par les constitutions, si le mari a conspiré contre le pouvoir ; s'il a attenté à la vie de sa femme ou n'a point dénoncé ceux qu'il savait vouloir y attenter ; s'il a essayé de porter sa femme à l'adultère ; s'il est retenu en captivité trop longtemps, ou s'il veut se retirer et vivre dans un monastère etc., (3).

II.

EFFETS DE LA PUISSANCE MARITALE SUR LES BIENS DE LA FEMME.

Biens dotaux.

C'est dans le mariage sans *manus* qu'il faut chercher l'origine de la dot. Sous ce régime, la femme conserverait tous ses biens, si, par une volonté formellement exprimée,

(1) C. 5, 17, 8; § 2, 3, 4.
(2) N, 117, c. 13. N. 134, c. 2.
(3) N. 117, c. 9 et 12.

elle n'en apportait quelque chose au mari : il est juste qu'elle lui fasse un apport, en retour de l'obligation qu'il prend de faire face aux besoins du ménage. L'apport fait dans ce but par la femme, ou pour elle par un tiers, fut ce qui prit le nom de dot.

Si la dot avait été une condition indispensable du mariage, il y aurait eu aussi les droits inévitables du mari sur les biens dotaux, et c'eût été là puissance maritale sur les biens ; mais si le mariage était indispensable pour la dot, « *neque enim dos sine matrimonio esse potest* (1) » nous savons aussi que la dot n'était pas une condition nécessaire du mariage. Cependant il y eut un moment, où dans l'empire d'Occident du moins et la Gaule, la dot fut obligatoire pour les mariages. Depuis longtemps les pères étaient obligés de doter leurs enfants, à Rome en vertu de la loi Papia Poppæa, dans les provinces en vertu du pouvoir discrétionnaire des présidents. Mais il ne pouvait, on le comprend, y avoir obligation que pour les parents en état de doter ; ceux qui n'étaient pas jugés dans ce cas échappaient à la loi, et leurs enfants n'en contractaient pas moins un mariage légitime. L'empereur Majorien, imposa aux époux l'obligation d'une dot et d'une donation anténuptiale : la sanction était la nullité du mariage des enfants : *cum fuerint sine dote conjuncti, nec matrimonium judicetur, nec legitimi ex his filii procreentur.* » C'était la peur de l'indigence des jeunes

(1) D. 23, 3, 2

famillesqui inspiraitpeut-êtreMajorien, comme elle inspirait un demi-siècle après lui, le concile d'Arles qui défendait aussi les mariages sans dot: « *nullum sine dote fiat conjugium* ». Justinien dans ses prohibitions ne fut pas aussi absolu. Cependant il rendit pour une certaine classe la constitution de dot nécessaire, et ordonna à peine de nullité la confection d'un *instrumentum dotale*.

La dot, avons-nous dit, est ce que la femme ou quelqu'autre personne pour elle donne ou promet au mari, afin de l'aider à soutenir les charges du mariage.

La dot est constituée ou par *datio*, ou par *dictio*, ou par *promissio*: « *Dos aut datur, aut dicitur, aut promittitur* (1). »

La *datio* s'opère par les modes habituels de translation de la propriété, par la mancipation pour les choses *mancipi*, par la tradition pour les choses *nec mancipi*, par la cession *in jure* pour les deux classes de choses, sauf pour les fonds provinciaux qui n'admettent que la tradition, la *datio dotis* est permise à tout le monde. « *dare dotem omnes possunt*. (2). »

La *dictio dotis* consiste en des paroles solennelles, par lesquelles la personne qui constitue la dot déclare au mari que telle ou telle chose lui sera en dot : « *Fundus Cornelianus doti tibi erit*. » Ces paroles étaient probablement suivies de l'acceptation du mari. La *dictio* est réservée à un petit

(1) R. d'Ulpien VI, § 1...
(2) Ibidem. § 2.

nombre de personnes : « *Dotem dicere potest mulier quæ nuptura est, et debitor mulieris, si jussu ejus dicat instit tutus, parens mulieris virilis sexus per virilem sexum cognatione junctus, velut pater, avus paternus.* (1) »

La *promissio dotis* n'est que l'application au cas de la dot de la forme générale de la stipulation: « Promettez-vous de me donner tel fonds en dot ? » demandait le mari au constituant ; et celui-ci répondait : « je le promets. » Toute personne peut constituer une dot par *promissio.*

Une dot peut encore se trouver constituée dans d'autres circonstances : ainsi le mari étant tenu d'une obligation verbale envers la femme ou un étranger, le créancier peut lui faire acceptilation *dotis constituendæ causâ.*

Il eût suffi pour remplir la destination de la dot que la jouissance en fût accordée au mari; l'usage prit une tournure différente. Le bien constitué en dot fut apporté au mari en toute propriété. Le mari *dominus dotis* acquiert les choses dotales comme un acquéreur ordinaire. Il s'en suit que dans certain cas, il ne peut les acquérir que par usucapion Au temps des jurisconsultes, si, la chose étant *res mancipi*, la femme s'est contentée de la livrer, cette tradition ne rend pas le mari propriétaire à l'instant même, elle ne met que la chose *in bonis suis* : à toute époque, même sous Justinien, si la femme a livré au mari une chose qui ne lui appartient pas, celui-ci n'en devient pas propriétaire, mais

(1) R. d'Ulpien, VI, § 2.

est seulement possesseur de bonne foi. Dans ces deux cas le mari peut arriver à la propriété par l'usucapion : « *Titulus est usucapionis, et quidem justissimus, qui appellatur pro dote : est qui in dotem rem accipiat, usucapere possit spatio solemni, quo solent, qui pro emptore usucapiunt* (1). »

Ce principe posé, il est facile d'en tirer les conséquences nécessaires et de faire sortir de la nature même du droit du mari l'étendue et la portée de ce droit.

Le mari, propriétaire de la dot, doit avoir sur elle le *jus utendi, fruendi et abutendi* que les Romains accordaient à tout propriétaire.

1° *Jus utendi.* Le mari a le droit d'employer la dot à tous les usages auxquels elle est propre.

Si c'est une maison, il peut l'habiter. Mais il est une manière de se servir de sa chose qui présente plus de difficulté: on peut, en effet, l'employer comme un moyen de crédit, sans cependant s'en dessaisir soit en l'engageant, soit en l'hypothéquant: hypothéquer sa chose, c'est s'en servir. Mais cet usage peut être dangereux, aussi a-t-il toujours été restreint par le législateur. Cet usage de la chose dotale appartenait-il au mari? On sait que l'hypothèque n'a été véritablement établie qu'assez tard en droit romain. A une certaine époque, le débiteur qui voulait fournir à son créancier une sûreté réelle devait lui transférer la propriété même de la chose, sauf à ce créancier à prendre l'engagement, par le

(1) D. 41, 9, 1.

contrat de fiducie, de retransférer cette propriété une fois qu'il aurait été payé. Or, cette époque a duré jusqu'au temps de Gaïus et même de Paul, comme il résulte du passage suivant: «*sed cum fiducia contrahitur, aut cum creditore pignoris jure,* (1)». Sous l'empire de ce droit notre question était facile à résoudre. Tant que le mari put aliéner la chose dotale, il put la donner en gage. Lorsque la loi Julia lui eut enlevé le droit d'aliénation, le pouvoir d'engager la chose dotale lui fut enlevé. La loi Julia, d'après ce qu'en rapporte Justinien, contenait une disposition expresse et défendait formellement d'obliger le fonds dotal aussi bien que de l'aliéner: «*Lex Julia, quæ de dotali prædio prospexit, ne id marito liceat obligare, aut alienare, plenius interpretanda est* (2)».

Quoique ne reconnaissant pas au mari le droit d'obliger le fonds dotal après la loi Julia, nous ne pouvons admettre que cette prohibition résulte d'une mention spéciale introduite dans cette loi. Deux autres textes, qui ne peuvent être soupçonnés d'interpolation, comme le texte de Justinien, nous en donnent la disposition. L'un est emprunté aux Commentaires de Gaïus. « *Dotale prædium maritus invita muliere per legem Juliam prohibetur alienare quamvis ipsius sit* (3) ». l'autre aux sentences de Paul: «*Lege Julia de adulteriis cavetur, ne dotale prædium maritus invita uxore alienet* (4) ». Or, tous deux nous présentent la loi Julia

(1) Gaïus. 2, § 60.
(2) D. 23, 5, 4.
(3) Gaïus 2, § 63.
(4) S. de Paul. 2, 21 b, § 2.

comme ayant seulement défendu au mari d'aliéner le fonds dotal *invita uxore*; comment d'ailleurs cette loi aurait-elle défendu d'engager le fonds dotal, alors que le contrat de gage n'avait pas une existence particulière, mais se confondait avec l'aliénation?

Cette distinction a des conséquences importantes. En effet, si nous regardons la loi 4 *de fundo dotali* comme ayant été interpolée, et l'impossibilité d'engager comme découlant seulement de l'impossibilité d'aliéner, nous devons décider que, d'après la loi Julia, le mari pouvait donner en gage le fonds dotal s'il obtenait le consentement de la femme. Mais bientôt survint le sénatusconsulte Velléien; la femme ne put désormais s'obliger dans l'intérêt de son mari, elle ne put par conséquent consentir à l'hypothèque du fond dotal, et par la s'établit la jurisprudence d'après laquelle ce fonds ne pouvait être hypothéqué même avec le consentement de la femme. Justinien, trouvant cette jurisprudence établie, l'attribua à la loi Julia; de là l'interpolation de la loi 4 *de fundo dotali*.

2° *Jus fruendi.* Le mari propriétaire de la dot a droit à tous les produits que les Romains considéraient comme des fruits. Ainsi, les récoltes, les loyers des maisons, le croît des animaux, les services des esclaves lui appartenaient.

Mais à côté de ces fruits, produits par la chose dotale elle-même, il y a d'autres produits qui n'arrivent qu'à l'occasion de cette chose. De tels produits ne peuvent, selon nous, profiter au mari; il les recevra, il en jouira, mais ils viendront s'adjoindre à la dot, et il devra les restituer avec elle, lors de la dissolution du mariage. Y a-t-il eu accroissement du fonds dotal, cet accroissement profite à la femme; une île a-t-elle surgi près de ce fonds, de manière à s'adjoindre à lui par accession, elle profite à la femme et doit lui être restituée. Mais c'est surtout lorsqu'il s'agit d'esclaves que l'application de ce principe devient importante. Outre les services ordinaires qui rentrent dans la classe des fruits, l'on peut retirer des esclaves deux sortes de profits: on peut acquérir par eux une succession, un legs, et on peut profiter de leur part.

Une chose a été léguée à un esclave dotal, elle est acquise au mari, mais ne peut nullement être considérée comme fruit, il serait inique d'en faire profiter définitivement le mari. Elle doit être entre ses mains de la même condition que l'esclave par lequel il l'a acquise. Et ce que nous disons du legs n'a rien de limitatif. La décision serait exactement la même si l'esclave avait reçu une donation entre-vifs, ou avait été institué héritier. C'est ce qu'enseignait le jurisconsulte Julien. «*Aditio hereditatis non est in opera servili. Idcirco si servus dotalis adierit, actione de dote eam hereditatem mulier recuperabit, quamvis ea quæ ex operis dotalium adquiruntur, ad virum pertineant* (1).»

De même, si des esclaves dotales ont mis au monde des enfants, ces enfants, dans l'opinion qui a prévalu, n'étant

(1) D. 29, 2, 45, pr. et § 1.

point considérés comme des fruits, le mari qui en est devenu propriétaire, devra toujours les rendre avec la dot dont ils sont une dépendance. En un mot, et pour nous résumer en une règle précise, nous dirons que les fruits de la dot appartiennent au mari pour la même raison que la dot elle-même, c'est-à-dire pour subvenir aux frais du mariage; que, par conséquent, tout ce qui n'est pas de nature à remplir ce but doit être réputé dotal et compris dans l'action *rei uxoriæ*.

Quelque générale qu'elle soit, cette règle souffre cependant certaines exceptions.

Lorsqu'une chose mobilière ou immobilière est apportée en dot au mari avec estimation, de droit commun, et en l'absence de toute clause particulière, cette estimation vaut vente. Alors le mari est considéré comme ayant acheté la chose pour le montant de son estimation; et ce n'est pas la chose même qui est véritablement dotale, c'est la somme à laquelle on l'a estimée. En conséquence, le mari qui ne doit restituer qu'une somme déterminée, profite seul de tout ce qui est produit à l'occasion de la chose, sur laquelle il a désormais un droit de propriété incommutable.

Il y a également exception toutes les fois que l'acquisition faite par le mari au moyen des choses dotales provient *ex re sua*. Dans ce cas, il en garde définitivement le bénéfice.

3° *Jus abutendi*. Le mari, propriétaire de la dot, devait avoir le droit d'en disposer et de l'aliéner. Dès le commencement de l'empire cependant, la loi Julia *de adulteriis* vint restreindre ce droit et défendre au mari d'aliéner ses biens dotaux sans le consentement de sa femme.

La loi Julia, nous l'avons déjà dit, ne défendait au mar que l'aliénation: les Empereurs Sévère et Antonin nous ont expliqué le sens de ce mot : « *Est autem alienatio omnis actus per quem dominium transfertur* (1). » Ainsi, peu importe que l'acte relatif au fonds dotal soit à titre gratuit ou à titre onéreux, entre-vifs ou à cause de mort ; dès l'instant qu'il s'agit de faire passer la propriété à un tiers, le principe est qu'un pareil acte ne peut valablement émaner du mari seul. Ne pouvant aliéner, le mari ne peut, par conséquent, ni éteindre les servitudes dues au fonds, ni le grever de servitudes nouvelles. C'est, en effet, véritablement aliéner pour partie la propriété d'un fonds, qu'éteindre les servitudes actives qui lui appartiennent ou le grever de servitudes passives.

Nous devons maintenant examiner à quels biens s'applique la prohibition dont nous venons de parler. Tout d'abord nous établirons une distinction générale entre les immeubles et les meubles dotaux. Tous les textes ne parlent que du fonds dotal, et partout où il est parlé de la limitation apportée par la loi Julia aux droits du mari, cette limitation n'est présentée que comme se référant aux immeubles dotaux. Les droits du mari doivent donc subsister quant aux meubles, et comme le mari est propriétaire de

(1) C. 5, 23, 1.

la dot mobilière comme de la dot immobilière, il doit avoir le droit d'aliéner les meubles dotaux sans le concours d'aucun consentement. Plusieurs textes, du reste, établissent que le mari peut, à son gré, et sans avoir besoin du consentement de sa femme, affranchir un esclave dotal : « *Servum dotalem vir, qui solvendo est constante matrimonio manumittere potest* (1). » Les esclaves cependant étaient considérés comme ce qu'il y avait de plus précieux parmi les meubles ; le mari qui pouvait renoncer à son droit sur l'esclave dotal pouvait donc *a fortiori* aliéner les meubles dotaux.

Nous n'avons donc à nous occuper que des immeubles, mais nous n'avons pas à distinguer les fonds urbains des fonds ruraux; la loi Julia s'applique aux uns et aux autres. Elle s'applique aussi, soit que le mari ait sur l'immeuble le *dominium ex jure Quiritium*, soit qu'il ne l'ait qu'*in bonis*, soit enfin qu'il ne soit qu'un possesseur de bonne foi. Il n'en est pas de même si l'immeuble dotal est un fonds provincial. Du temps de Gaïus, il y avait encore des doutes à cet égard; mais il paraît, d'après le témoignage de Justinien, qu'on était arrivé à déclarer la loi Julia non applicable aux fonds provinciaux (2).

N'étaient pas soumis à la règle de la loi Julia, les immeubles apportés en dot avec estimation, le mari pouvait disposer de ces immeubles absolument comme de ceux qu'il

(1) D. 40, 1, 21.
(2) C. 5, 13, 1, § 15.

avait recueillis pour des causes étrangères à son mariage. La loi Julia, en effet, parle du *prædium dotale* et seulement du *prædium dotale* ; sa disposition, ne doit pas être étendue à d'autres objets ; or, lorsqu'il y a en estimation de l'immeuble apporté en dot, ce qui est dotal, ce n'est pas l'immeuble, c'est la somme à laquelle s'élève l'estimation ; l'immeuble peut donc être aliéné. C'est ce que dit dans une constitution l'Empereur Alexandre: « *Qui autem proprietatem æstimatam in dotem accepit non ideo minus obligare eam potuit quoniam soluto matrimonio restituenda tibi æstimatio ejus fuit* (1).

Il peut se faire que la dot comprenne aussi des *nomina*, des droits de créance sur des tiers ; ces droits de créance sont-ils complétement à la disposition du mari ? Nous devons, je crois, distinguer ; s'il ne s'agit que d'une créance mobilière, le mari peut l'éteindre par novation ou acceptilation sans le consentement de sa femme ; mais il doit en être autrement si l'objet de la créance est un immeuble ; faire acceptilation d'une pareille créance, la transformer en une créance mobilière, ce serait véritablement *prædium alienare* dans le sens de la loi Julia. Il faut donc reconnaître, pour se conformer à l'esprit de cette loi, que le mari ne peut valablement procéder à de pareils actes sans le consentement de sa femme.

Voyons maintenant quelles sont les exceptions à la loi Julia. Cette loi qui paralyse la volonté du mari présuppose évidem-

(1) C. 3, 33, 6.

ment que, d'après le droit commun, cette volonté est indispensable pour entraîner l'aliénation; en d'autres termes, elle ne s'occupe pas du cas où une aliénation peut se produire indépendamment de la volonté du propriétaire. Le mari pourra donc très-bien se trouver dépouillé *ex causa necessaria* (1). Il suit de là qu'un bien par indivis, étant compris dans la dot, le mari peut consentir au partage provoqué contre lui, tandis qu'il ne peut intenter une demande de cette nature. Celui contre qui le partage est demandé, ne peut, en effet, s'y refuser ; si donc par suite de cette demande à laquelle il est tenue d'obtempérer, tout ou partie de son droit indivis lui est enlevé, c'est une aliénation *necessaria* qu'il aura subie.

La prohibition de la loi Julia ne concerne pas non plus la transmission qui s'effectue *per universitatem* ; il est défendu au mari d'aliéner le fonds dotal déterminément, mais quand tous ses biens sont transmis en bloc à une autre personne, rien ne s'oppose à ce que le fonds dotal passe avec eux dans le patrimoine de cette personne (2). Ainsi, le mari se donne-t-il en adrogation, tous ses biens sont acquis par l'adrogeant dans le patrimoine duquel le fonds dotal passe comme les autres biens.

Nous savons déjà que la défense d'aliéner le fonds dotal n'était pas absolue, et que le mari pouvait aliéner avec le consentement de la femme. Fallait-il que ce consentement

(1) D. 23, 51. pr.
(2) D. 23, 5. 1, § 1.

intervînt dans une certaine forme, à un certain moment? Non : rien de semblable n'est exigé. Le consentement de la femme peut se manifester d'une manière quelconque ; il peut être exprès ou tacite: en un mot, il faut suivre ici les mêmes règles que quand il s'agit d'apprécier la solidité d'un des contrats qui se forment *solo consensu*. Ce consentement peut aussi être donné après coup, sous forme de ratification de l'aliénation faite par le mari seul. Scœvola le reconnaît dans la loi 50. D. 24. 3.

La défense faite au mari d'aliéner le fonds dotal *invita uxore*, n'a été portée que dans l'intérêt de la femme. D'où il résulte que le droit d'attaquer l'aliénation ne peut naître qu'en la personne de la femme, sauf à être transmis par elle en même temps que le droit à la dot, dont il est la garantie. Si donc un étranger, en constituant la dot en a stipulé la restitution à son profit, la disposition de la loi Julia est tout à fait inapplicable; le stipulant n'a que les droits d'un créancier ordinaire, par exemple le droit d'attaquer les actes du mari comme faits *in fraudem*.

La prohibition de la loi Julia se perpétua jusqu'à Justinien, ce prince la généralisa. On ne distingua plus si l'immeuble était situé en Italie ou dans les provinces: d'un autre côté le consentement de la femme fut désormais impuissant à valider l'aliénation faite par le mari, l'inaliénabilité dotale fut fondée.

Il nous reste à examiner les droits de la femme sur les biens dotaux; maintenant que nous connaissons ceux du mari, cette étude est facile. Dans le principe, le mari étant entièrement propriétaire de la dot, et son droit n'étant restreint en aucune manière, il ne pouvait être question pour la femme de droit sur la dot. Mais la loi Julia, en defendant au mari d'aliéner le fonds dotal sans le consentement de sa femme, n'a-t-elle pas eu pour conséquence d'établir à son profit une sorte de domaine sur ce même fonds dotal? Certains textes pourraient le faire penser, mais il n'en pouvait être ainsi. L'immeuble, en effet, ayant été mancipé ou cédé *in jure* par le propriétaire au mari, ou celui-ci en ayant accompli l'usucapion, il serait contraire à tous les principes que la propriété du mari ne fût pas exclusive d'une propriété appartenant à une autre personne sur la même chose. Aussi la loi 7. D. 23. 5. dit-elle qu'une servitude ne peut subsister au profit du fonds dotal à la charge d'un fonds appartenant au mari, parce qu'il y a confusion. Or, si la femme conservait ou obtenait une autre portion quelconque dans la propriété du fonds dotal, il n'y aurait pas confusion et il faudrait reconnaître le maintien de la servitude. Justinien permit à la femme d'agir par voie de revendication; c'était lui reconnaître un droit de propriété sur la dot. On a prétendu que ce droit lui avait depuis longtemps été reconnu par la jurisprudence, mais rien ne prouve ce prétendu droit, et ce n'est qu'au temps de Justinien que nous le voyons établi d'une manière certaine.

La femme cependant profite de sa dot, elle en a l'émolument, dit Triphoninus ; mais elle l'a en ce sens que sa dot étant destinée à subvenir aux charges du ménage, et les besoins de la femme faisant partie de ces charges, la dot subvient par là même aux besoins de la femme. Elle a de plus un droit à la restitution de la dot, que nous avons vu naître de dispositions, spéciales d'abord au cas de divorce, généralisées dans la suite, et que la jurisprudence vint bientôt consacrer.

La destination de la dot, qui est de fournir de la part de la femme une contribution aux charges du mariage, subsiste pendant toute la durée du mariage. De là la conséquence que le mari ne peut pas être obligé à la restitution de la dot durant le mariage. Mais la législation romaine est allée plus loin. Par suite de cette considération, qu'il est d'intérêt public de conserver aux femmes leur dot, afin qu'elles puissent se remarier, considération très-importante dans un état où le divorce était si fréquent, la restitution de la dot fut interdite au mari durant le mariage.

Voyons dans quels cas a lieu la restitution.

Le mariage est-il dissous par un divorce, le mari doit toujours en principe restituer la dot. Cependant si la femme meurt après le divorce, l'action ne passe à ses héritiers que si le mari a été mis en demeure de restituer la dot par une interpellation devant le magistrat.

Est-il dissous par le prédécès du mari, la dot doit être restituée par ses héritiers, soit à la femme seule, si elle est *materfamiliâs*, soit au père assisté de la femme, si elle est *filiafamiliâs*.

Est-il dissous enfin par le prédécès de la femme, le mari n'était obligé à aucune restitution du moins au temps des jurisconsultes. Deux cas seulement faisaient exemption. Si le père existait encore, la dot par lui donnée lui revenait, mais en laissant au moins un cinquième par enfant, sans limitation (1). De même, la dot devrait être restituée si le constituant avait stipulé qu'on la lui rendrait. Ces exceptions devinrent la règle sous Justinien, les héritiers purent désormais demander que la dot leur fût toujours rendue, alors même que la dissolution ne fût arrivée que par la mort de la femme.

Comment se fait la restitution de la dot?

Dans le droit classique, trois actions existaient contre le mari soumis à restitution:

1° Une *condictio* ou une action *præscriptis verbis*, quand, lors de la constitution de dot un simple pacte avait été fait touchant la restitution.

2° L'action *ex stipulatu*, lorsqu'au moment du mariage, la femme avait stipulé la restitution de la dot.

3° Enfin l'action *rei uxoriæ* accordée par les Prudents pour suppléer à la convention qui n'avait pas eu lieu.

Par l'action *ex stipulatu*, le mari encourait une condamnation totale, lors même que sa fortune n'était pas suffisante pour atteindre au paiement de la dot entière, il ne pouvait

(1) R. d'Ulpien. VI, § 34.

demander aucun délai pour restituer ni faire aucune rétention.

Par l'action *rei uxoriæ,* il n'était condamné que jusqu'à concurrence de sa fortune. Si la dot était de corps certains, il était obligé de restituer de suite, mais si elle était de quantités, il ne restituait la dot que par tiers, d'année en année, car il pouvait ne pas avoir ces quantités, et il fallait qu'il pût se les procurer. Il pouvait opérer certaines rétentions sur la dot :

1° *Propter liberos,* lorsque le divorce provenait de la faute de la femme ou de celle de son père ;

2° *Propter mores,* lorsque la femme avait été cause du divorce ;

3° *Propter res donatas,* lorsqu'il avait fait une donation à sa femme, car cette donation était nulle ;

4° *Propter res amotas,* lorsque la femme avait détourné certains objets ;

5° *Propter impensas,* lorsqu'il avait fait sur les biens dotaux des dépenses nécessaires ou utiles.

Lorsque le mari n'exerçait pas la rétention, il avait le plus souvent une action ; cependant dans le premier cas de rétention ci-dessus, il n'en avait pas ; dans le deuxième, il en avait une ; dans le troisième, il avait une *condictio ;* dans le quatrième, il avait l'action *rerum amotarum* qui tenait lieu entre époux des actions naissant du vol ; dans le cinquième, s'il s'agissait d'impenses nécessaires, et si le mari avait restitué la dot entière, comme elle était diminuée de plein droit par ces impenses, le mari avait une *condictio indebiti;* s'il s'agissait d'impenses utiles, certains jurisconsultes accordaient au mari l'action *negotiorum gestorum,* d'autres la lui refusaient.

La femme n'avait pour assurer la restitution de la dot qu'un *privilegium inter personales actiones* qui la faisait seulement passer avant les créanciers chirographaires.

Dans le droit de Justinien, l'action *ex stipulatu* est la seule usitée, si la stipulation n'a pas eu lieu, elle est sous entendue. Le mari n'est poursuivi que dans lá limite de sa fortune ; il a un délai d'un an pour restituer les meubles, mais il doit rendre les immeubles de suite ; il n'a plus de rétentions à exercer. S'il a fait des dépenses nécessaires, elles diminuent de plein droit la dot ; si les dépenses n'ont été qu'utiles, il a l'action de mandat lorsque la femme a consenti à ces dépenses, sinon l'action *negotiorum gestorum.*

Pour assurer le recouvrement de sa dot, la femme eut d'abord une hypothèque tacite ; plus tard il fut décidé que cette hypothèque serait privilégiée, et qu'ainsi la femme passerait sur les biens du mari avant tous autres créanciers même avant ceux qui avaient déjà hypothèque lors du mariage (1).

(1) C. 8, 18, 12. C'est la fameuse loi *Assiduis*:

Biens paraphernaux.

Les biens de la femme, en dehors de sa dot, reçurent le nom de paraphernaux, dénomination d'origine grecque qui signifiait extradotaux. De même que la dot du mariage libre représentait la *res uxoria* de l'ancien mariage avec *manus*, de même les biens paraphernaux représentaient le pécule que la femme avait pu avoir sous ce dernier régime. Aussi voit-on le nom de pécule donné aux biens paraphernaux. Mais il y avait cette différence essentielle entre le pécule et les biens paraphernaux que la femme *in manu* n'avait eu sur son pécule qu'une jouissance précaire et de grâce, tandis que les biens paraphernaux dans le mariage libre constituaient pour elle une propriété dont elle avait la pleine jouissance et la libre disposition.

Toutefois, il se pouvait, qu'en fait, elle associât le mari à cette jouissance. La littérature classique nous présente le tableau de mariages heureux où l'union des cœurs amenait la confusion des revenus ; mais on y rencontre aussi d'autres peintures qui font contraste.

La femme jouissant pour ses biens de la même capacité que si elle n'avait point été mariée, pouvait faire à leur occasion toute espèce de contrats avec le mari. Une exception existait seulement pour les donations. L'interdiction des dons entre époux avait été de bonne heure consacrée par l'usage, elle fut réglée plus tard et définie par un sénatusconsulte du temps de Caracalla. Il fut décidé que ces donations, nulles, dans le principe, seraient confirmées par le prédécès de l'époux donateur sans révocation.

Mais en tant qu'il ne s'agissait pas de donations, rien ne faisait obstacle à ce que les époux fissent entre eux tous les contrats qui auraient pu avoir lieu entre étrangers.

Avant de quitter l'étude du sujet dans le droit romain, jetons un regard sur l'ensemble des faits juridiques que nous venons d'exposer.

Nous trouvons à l'origine une autorité maritale exorbitante. Plus tard, la femme jouit d'une indépendance presque absolue. Le droit romain n'a connu que ces deux états extrêmes. L'indépendance des femmes à Rome ne fut pas favorable aux mœurs. A l'époque où elle prévalut et devint l'état général du mariage, l'histoire nous offre le tableau d'une effroyable licence qui fait un profond contraste avec la peinture des mœurs anciennes.

ANCIEN DROIT FRANÇAIS

I.

ANCIENNES MŒURS GAULOISES.

Nous trouvons dans les commentaires de César : « Les hommes ont sur leurs femmes et sur leurs enfants le droit de vie et de mort, et quand un chef illustre d'une famille meurt, ses parents s'assemblent; s'il y a des doutes sur sa mort, on donne la question aux femmes comme aux esclaves (1). » D'où il est aisé de conclure à la subordination nécessaire de la femme, et à l'existence de la polygamie.

La puissance maritale, par suite de cette loi qui mesure sa sévérité à la civilisation plus ou moins avancée, ne différait que peu ou point de celle que nous avons tracée aux premiers temps de Rome, de la *manus*. Mais, en outre,

(1) César, de bello gallico IV, 19.

c'était une complication de pratiques superstitieuses, en harmonie avec les idées religieuses des peuples de la Gaule; citons entre autres celle que rapporte l'empereur Julien, et dont dépendait le salut de la femme soupçonnée d'infidélité par son mari : « sur un tel soupçon, il lui fallait jeter son enfant dans le fleuve; s'il restait au fond, la femme était condamnée à mort, s'il surnageait, elle était reconnue innocente (1). »

Le mari gaulois paraît avoir eu aussi, comme dans toutes les races primitives, la faculté de répudiation.

II.

ÉLÉMENTS GERMANIQUES.

Quels qu'aient pu être les usages de la vieille Gaule Celtique, ils firent place au droit romain, lorsque la Gaule ne fut plus qu'une province romaine. Mais à l'époque où les Germains s'y établirent, le droit entra dans une voie nouvelle.

Le pouvoir domestique, chez les Germains, n'avait point le caractère égoïste et dur de la *potestas* romaine. Ce n'était qu'un pouvoir de garde et de protection exercé pour leur intérêt sur les membres de la famille; pouvoir appelé *mundium*, *mundiburdium*, dans le latin grossier des lois bar-

(1) Julien, orat. XVI.

bares. Dans un état de société où la force pouvait trop librement se donner carrière, les femmes avaient paru avoir besoin de rester pendant toute leur vie sous la garde d'un pouvoir protecteur. Exercé par le père, tant qu'il vivait, ce pouvoir passait après lui aux membres mâles de la famille; mais il ne restait au père, aux parents, que jusqu'à ce qu'il passât à un mari. Le *mundium* était cédé à ce dernier avec des rites symboliques qui rappelaient l'achat de la femme usité dans des temps encore plus barbares. Cette cession du *mundium* faite par la famille de la femme au mari avait pour conséquence qu'à la mort de celui-ci ce pouvoir restait dans sa famille sans revenir à la famille de la femme. C'est donc des parents mâles du mari mort qu'un second mari aurait eu à obtenir la cession de ce pouvoir en cas de convol de la femme (1).

Chez les Germains primitifs, le principe du mariage était la monogamie; le divorce était inconnu; mais au temps de l'invasion, les lois barbares autorisent le divorce et la répudiation.

Le *mundium* marital s'exerce sur la personne de la femme et sur ses actes; sur la personne de la femme, c'est une *potestas* qui comprend un pouvoir de correction et de châtiment: « *Flagellando uxorem.... propter immoderatam correptionem* » dit un écrit du temps.

Les actes de la femme ont besoin, pour être valables, de l'au-

(1) M. de Valroger.

torisation du mari, au moins quand il s'agit d'aliéner ou d'engager ses biens: « *Nec aliquid de rebus mobilibus aut immobilibus sine voluntate ipsius in cujus mundio fuerit, habeat potestatem donandi aut alienandi* (1). »

Le *mundium* marital répondait à un besoin d'ordre et d'autorité dans le sein du ménage. C'est ce qui l'a fait entrer dans les éléments durables de notre droit français.

Il a donné naissance à notre autorité maritale.

On pourrait penser que le droit coutumier, dont l'autorité maritale dérive, ne se forma pas seulement sous l'influence des usages germaniques, mais que le droit canonique y contribua aussi : le fait est que le christianisme apporta une conception des rapports matrimoniaux qui différait profondément des habitudes romaines au temps de son établissement. Au nombre de ses principes se trouve la soumission de la femme au mari. Saint Paul la lui enseigne et après saint Paul tous les grands docteurs de l'Église. On pourrait croire que l'influence de la doctrine chrétienne contribua à faire entrer dans notre droit le principe de l'autorité maritale. Je ne veux pas nier absolument cette influence ; mais ce qui prouve qu'elle ne fut qu'indirecte, secondaire, et que le principe de cette autorité nous vient bien plutôt des Germains, c'est qu'il ne s'établit que dans les pays coutumiers et non dans les pays de droit écrit (2).

(1) Édit. de Rotharis. art. 205.
(2) M. de Valroger.

III.

ÉPOQUE FÉODALE ET COUTUMIÈRE

Pays coutumiers.

Les usages germaniques, en se combinant avec la féodalité, donnèrent naissance à nos anciennes institutions coutumières. Leur formation se cache dans la nuit qui enveloppe les XIe et XIIe siècles. Au XIIIe, elles paraissent à la lumière (1). »

La communauté, le douaire sont constitués et aussi l'autorité maritale avec les traits qu'elle retiendra dans notre droit coutumier.

Ce que l'on appelait *mundium* ou *mundiburdium* à l'époque franque, s'appelle maintenant *mainbournie*. Tant que le mari et la femme vivent ensemble, dit Beaumanoir, *li hons est mainburnissières.*

L'autorité du mari sur la personne de la femme comprend même un pouvoir de châtiment exprimé d'une manière curieuse par Beaumanoir : « *Par plusors cas poent li home estre escusé des griès qu'ils font à lor femes ; ne ne s'en doit le justice entremetre ; car il loist bien à l'omme batre se feme, sans mort et sans mehaing, quand ele meffet ; si comme quand ele est en voie de fere folie de*

(1) M. de Valroger.

son cors, ou quant ele dement son baron ou maudist, ou quant ele ne veut obéir à ses resnables commandemens que prode feme doit fere : en tel cas et en sanllables est il bien mestiers que li maris soit castierres de se feme resnablement (1).

Le mari avait aussi autorité sur les actes de sa femme. « *N'est nus tenus de respondre à li* (la femme mariée) *en nule demande qu'ele face en cort, sans l'auctorité de son mari* (2). » La femme a aussi besoin de l'autorisation maritale pour contracter : « *Li sous aagies ou le feme mariée, en aucune manière, ne par eus, ne par procureur, ne poent fere convenences qui soient tenues contre eus, porce qu'il sunt en autrui poeste* (2). »

Ces principes n'étaient cependant point encore si fermement établis qu'ils ne souffrissent des exceptions : « *Nule fame,* disent les Établissements de Saint-Louis, *n'a response en cour laie, puisque ele a seigneur, se ce n'est du fet de son corps. Més qu'il l'aurait batüe, ou dit folie, ou autre désloiauté, en tele manière elle a response sans son seigneur, ou se ele estoit marchande elle auroit bien la response des choses que ele auroit bailliés de sa marchandise et autrement non, selon droit escrit en la Digeste vielle, el titre des ruiles de droit en la l. Fœminæ a publicis judiciis. Car fame si est ostée à tous offices* (3). » On allait bien plus loin : « *seroit*

(1) Beaumanoir. LVII, 6.
(2) Beaumanoir. XLIV, 19.
(3) Beaumanoir. XXXIV, 56.

le feme tenue à respondre de se dete ou de se plegerie, el tans de son baron..., si que il est aperte core qu'il ne se melle de riens et que le feme fait et mainburnist toutes les cozes qui a eues apartienent (1). » La femme pouvait encore valablement contracter, plaider, si le mari était hors d'état de l'autoriser par suite de folie, de bannissement, d'absence.

On ne voit pas qu'on recourût à la justice pour suppléer à l'autorisation du mari. Le défaut d'autorisation ne privait d'ailleurs d'effet l'engagement de la femme que pendant la vie de son mari : « *car si tost comme ses barons est mors, ele revient en se plaine volonté, et convient que ele responde de son fes, tout soit qu'ele n'en fust pas tenue à respondre el tans de son baron* (2). »

On voit que la nécessité de l'autorisation maritale était, dès le XIII siècle, un principe bien constitué, mais que les applications et les suites de ce principe n'étaient encore réglées que d'une manière très-imparfaite (3).

Le mari était : *bail, ballistre,* ou gardien des biens de sa femme. C'était lui qui demeurait seul chargé de la gestion des biens; c'était lui qui relevait les fiefs appartenant à sa femme et en faisait le service. Il était son *baron* et le *sire* de ses biens et l'on disait que : « le mari se devait relever trois fois la nuit pour vendre les biens de sa femme (4). » Car

(1) Établissements de St-Louis. I, CXLVII.
(2) Beaumanoir. XLIII, 27.
(3) M. de Valroger.
(4) Inst. Cout., 114.

dans la communauté primitive il n'y avait pas de remploi des propres de la femme, vendues de son consentement. Le mari profitant donc toujours de la vente, que la communauté fût bonne ou mauvaise, avait le plus grand intérêt à vendre, dût-il *se relever trois fois la nuit* pour vendre plus tôt.

Aux XIVe et XVe siècles s'acheva la formation de notre droit coutumier. Il se montre à son dernier état dans nos coutumes rédigées officiellement au XVIe siècle. La puissance maritale est explicitement ou implicitement reconnue par toutes les coutumes sans exception. Il n'en est pas qui ne mentionne au moins une de ses conséquences, mais il n'en est aucune aussi qui les réglemente d'une manière complète. Nous voyons la coutume de Nivernais exagérer la puissance maritale au dernier point : « femme mariée après le contrat de mariage et solennisation en face de l'Église, est et demeure du tout en puissance de son mari, et ne peut faire contracts dispositions entre vifs de ses biens ny par disposition de testament ordonnance de dernière volonté, n'autrement (1). »

Cela est bien rude, disait Guy Coquille sur la coutume du Nivernais que nous venons de citer, et presque toutes les autres coutumes ne prohibent à la femme mariée de tester, et aucunes par exprès leur permettent de tester sans autorité de leurs maris, comme celles de Poitou, Auxerre, Rheims et Berry.

(1) *Coutumes de Nivernais*. Ch. XXIII, I.

Plus sage est la coutume de Paris, nous y lisons :

CCXXIII La femme mariée ne peut vendre, aliéner ne hypothèquer ses héritages sans l'autorité et consentement exprès de son mari. Et si elle fait aucun contract sans l'authorité et consentement de son dit mary, tel contract est nul tant pour le regard d'elle, que son dit mary, et n'en peut estre poursuivie, ny ses héritiers après le décès de son dit mary.

CCXXIV Femme ne peut ester en jugement sans le consentement de son mary, si elle n'est authorisée ou séparée par justice et la dite séparation exécutée.

CCXXV Le mary est seigneur des meubles et conquets immeubles, par lui faits durant et constant le mariage de luy et sa femme. En telle manière qu'il les peut vendre, aliéner ou hypothéquer, et enfin disposer par donation ou autre disposition faite entre vifs, à son plaisir et volonté, sans le consentement de sa dite femme, à personne capable et sans fraude.

CCXXVI Le mary ne peut vendre, eschanger, faire partage ou licitation, charger, obliger ni hypothéquer le propre héritage de sa femme, sans le consentement de sa dite femme, et icelle de par lui authorisée à cette fin.

L'ordonnance de 1731 nous montre encore un des effets de la puissance maritale, l'art. 9 porte que la femme mariée ne peut accepter une donation entre vifs sans être autorisée par son mari.

Les coutumes prévirent que le mari pourrait refuser son

autorisation sans juste motif : on admettait dans ce cas le recours de la femme à la justice. Il y avait encore d'autres cas où le recours à la justice était nécessaire ; c'était quand le mari se trouvait hors d'état d'autoriser sa femme, comme pour cause d'absence, de démence. Mais la minorité du mari n'était point considérée comme faisant obstacle à ce qu'il pût donner une autorisation régulière, la nécessité de l'autorisation n'étant qu'une satisfaction donnée au pouvoir marital.

Comment devait se produire l'autorisation ? On distinguait entre l'autorisation pour ester en jugement et l'autorisation pour contracter. La forme était pour les deux cas fort différente. Il suffisait que le mari eût consenti, de quelque manière que ce fût, à ce que sa femme procédât en justice. Mais, au contraire, s'agissait-il de contracter ? Il fallait une autorisation sacramentelle ; il fallait non pas seulement la chose, mais le mot lui-même ; le mot *autoriser*, mot solennel, qu'aucun autre ni ceux de consentement, ou d'approbation, ne pouvait remplacer, si ce n'est peut-être l'expression *habiliter* que Pothier considérait comme équivalente. En vain donc le mari présent avait signé, et s'était même obligé solidairement avec sa femme ! rien n'y faisait, si le grand mot n'avait pas été dit.

L'autorisation devait être spéciale, et ce principe était si bien établi, qu'il avait fait fléchir la faveur accordée au contrat de mariage. Quoiqu'on accordât aux futurs conjoints une liberté très-grande pour régler leurs conventions matrimoniales, on n'avait pas admis, en contrat de mariage même, une autorisation générale qui eût été une sorte d'abdication de la puissance maritale.

Le mari avait encore droit à la faveur du régime féodal, à tout ce qu'il y avait d'honorifique attaché aux biens propres de la femme : droit de prendre les titres de ses seigneuries, marquisat, comté, baronie, avec l'exercice des droits inhé rents, institution et destitution des officiers de justice, patronage, etc.

Il ne nous reste plus qu'une question à traiter: quel était le point de départ de la puissance maritale ? C'était généralement le moment de la bénédiction nuptiale, car l'on disait : « boire, manger, coucher ensemble, c'est mariage, ce me semble, mais il faut que l'Église y passe (1). »

Pays de droit écrit.

Dans ces pays la puissance maritale était à peine connue. La femme mariée jouissait pour ses actes d'une indépendance analogue à celle des femmes romaines après la désué tude de la *manus*. C'est qu'aussi cette indépendance leur venait du droit romain. On sait que les usages germaniques qui donnèrent naissance à nos coutumes pénétrèrent bien moins dans le midi de la France. Là les traditions romaines l'emportèrent ; la communauté des pays coutumiers n'y avait point pris pied ; le régime dotal s'y était maintenu

(1) Inst. Cout. de Loysel, I, II, VI.

avec son inaliénabilité de la dot, et la complète liberté de la femme relativement à ses paraphernaux.

Toutefois le principe coutumier pénétra dans quelques pays de droit écrit, qui, faisant partie du vaste ressort du parlement de Paris, subirent l'influence coutumière : c'étaient les provinces du Lyonnais, Forey, Beaujolais, Mâconnais (1).

IV

LOIS INTERMÉDIAIRES.

Condorcet, dans le *Journal de la Société* de 1789, réclamait pour la femme les mêmes droits que pour l'homme, la même capacité juridique politique et sociale; Siéyès, dans un discours prononcé en 1791, demandait l'émancipation domestique et politique de la femme, en terminant son discours il disait : « La femme a le droit de monter à la tribune, puisqu'elle a le droit de monter sur l'échafaud. »

Mirabeau, Danton et Robespierre combattirent vivement la proposition de Siéyès : ils s'élevèrent contre l'admission des femmes aux fonctions sociales et contre leur présence dans toute assemblée publique. Ce qui fait dire a M. Legouvé : « Robespierre, ce grand apôtre de l'égalité, n'oublia, dans son plan d'émancipation, que la moitié du genre humain. »

(1) M. de Valroger.

La proposition de Siéyès fut rejetée, mais la puissance maritale, qui avait été sur le point d'être réduite au néant, n'en fut pas moins fortement ébranlée par une loi postérieure. Je veux parler de la loi de 1792 sur le divorce. Condorcet qui en fut le rapporteur disait : « Il s'agit de consacrer pour la première fois, sur la terre, toute l'égalité de la nature, de laisser subsister, dans toute son étendue, l'exercice de la liberté individuelle, dont un engagement indissoluble serait la perte. » Le divorce, rendu licite de la manière la plus absolue, les liens d'autorité dans la famille, base de la puissance maritale à laquelle la femme put si facilement se soustraire, en furent relâchés.

Cette loi du 20 septembre nous offre ainsi un exemple frappant de cette exagération du vrai caractère de la liberté individuelle, exagération qui fut un des principaux motifs des déplorables erreurs de l'Assemblée législative et de la Convention. Le divorce fut prodigué comme moyen de ramener l'individu à sa liberté naturelle. La loi reconnaissait, non-seulement le divorce pour cause déterminée, mais encore le divorce par consentement mutuel, le divorce par incompatibilité d'humeur; ce qui n'était autre que la simple répudiation mise à la disposition de chacune des parties (1).

(1) L'Assemblée, tant elle était pressée, avait décrété l'urgence sur le projet de loi.

DROIT FRANÇAIS

PRÉLIMINAIRES.

> Dans la famille, les devoirs de l'homme et de la femme sont fort opposés, le devoir de l'un étant d'acquérir, celui de l'autre de conserver.
>
> Aristote. — Politique, liv. II, chap. III.

L'égalité civile des deux sexes est un principe fondamental de notre loi moderne. Cette égalité cesse, il est vrai, dans les rapports conjugaux : en s'engageant dans les liens du mariage, la femme aliène une partie de ses droits et se soumet à une sorte d'incapacité temporaire. Mais cette incapacité, si même elle mérite ce nom, n'est pas inhérente au sexe, elle n'a point sa cause dans la nature physique ou morale de la femme, mais dans la puissance maritale, c'est-à-dire dans un fait extérieur et accidentel (1).

La puissance maritale a ses limites comme nous le montre l'article 1124, il s'agit de les déterminer.

(1) M. Gide.

S'il fallait en croire certains jurisconsultes, ces limites varieraient avec les conventions matrimoniales, et les époux pourraient à leur gré, en adoptant tel ou tel régime nuptial, les resserrer ou les étendre. Mais que deviendrait alors le principe sacré qui met au dessus des conventions particulières les lois qui régissent l'état et la capacité des personnes? Que signifierait l'article 1388 qui interdit aux époux de déroger dans leur contrat « aux droits qui résultent de la puissance maritale ou qui appartiennent au mari comme chef? » Nous allons reconnaître, j'espère, que le Code n'est point en contradiction avec lui-même, que la puissance maritale est invariable, et que les jurisconsultes qui veulent la mesurer sur les clauses du contrat nuptial confondent deux choses qu'il faut nettement distinguer.

La femme, en se mariant, transfère le plus souvent à son mari un droit d'administration, de jouissance, parfois même de copropriété sur les biens qu'elle possède. Mais ce droit, que le contrat de mariage mesure et réglemente, n'est point un élément de la puissance maritale et ne saurait se confondre avec elle. Le mari ne le tient, en effet, que de la volonté même de sa femme ; en l'exerçant, il agit comme son mandataire ou son ayant-cause, et non point comme son maître. Nous serons donc fidèles à l'esprit du Code en distinguant, dans les pouvoirs du mari, deux éléments divers et par leur origine et par leur nature : la puissance maritale qui, établie par la loi, est nécessaire et indélébile ; les droits pécuniaires sur la dot, qui sont facultatifs et variables comme les conventions dont ils dépendent. Le sujet de notre thèse est la puissance maritale, nous ne nous occuperons donc pas des droits pécuniaires sur la dot. Du reste, l'étude de ces droits exigerait à elle seule des développements qui dépasseraient de beaucoup les limites de cette thèse.

CHAPITRE I.

PUISSANCE MARITALE SUR LA PERSONNE DE LA FEMME.

La puissance maritale résulte du mariage : quand l'officier de l'état civil qui vient de lire aux époux le chapitre VI du titre du Mariage a prononcé leur union au nom de la loi, le contrat est irrévocablement formé, le droit de la puissance maritale commence. La femme doit obéissance à son mari.

C'est la nature elle-même qui désigne le mari comme chef de la société conjugale ; et la loi pour organiser dans la famille la hiérarchie et la discipline n'a eu qu'à reconnaître cette prééminence. Les conventions matrimoniales ne sauraient détruire ni modifier cet effet du mariage, car l'ordre public est essentiellement intéressé au maintien des pouvoirs domestiques. Aussi la femme, après avoir obtenu sa séparation de biens, alors même qu'il ne resterait plus rien au mari, n'en doit-elle pas moins toujours verser entre ses mains la somme nécessaire pour faire face aux besoins de la famille. La séparation de biens ne fait pas cesser le ménage commun ; or dès qu'il y a ménage, le mari doit en être le chef. Dans les familles comme dans les États, celui-là est surtout le maître, qui tient les cordons de la bourse ! et on ne pourrait pas, sans porter atteinte à la puissance maritale, déclarer que la femme gardera dans ses mains le montant de sa contribution (1).

De ce devoir de soumission contenu dans l'art. 213 naît pour la femme l'obligation proclamée par l'article 214.

« La femme est obligée d'habiter avec le mari, et de le suivre partout où il juge à propos de résider : le mari est obligé de la recevoir, et de lui fournir tout ce qui est nécessaire pour les besoins de la vie, selon ses facultés et son état. »

De là, pour chacun des époux, un droit et un devoir corrélatifs :

Pour le mari, le droit de contraindre sa femme à résider avec lui, et le devoir de la traiter convenablement ;

Pour la femme, le droit d'être reçue dans la résidence du mari, et le devoir aussi de ne pas la quitter.

Examinons le texte même de l'article 214 : *habiter, résider.....* remarquez ces mots qui prouvent que l'article 214 ne fait pas double emploi avec l'article 108 qui nous dit : « la femme mariée n'a point d'autre domicile que celui de son mari. » Le domicile, c'est le droit ; l'habitation, c'est le fait. Or c'est du fait qu'il s'agit en ce moment ; la femme doit donc avoir, non pas seulement le même domicile légal, mais la même habitation, la même demeure que son mari.

(1) Demolombe. IV. n° 87

Partout où il juge à propos de résider....... par conséquent même en pays étranger; car la loi ne distingue pas, et le mari peut avoir, pour prendre ce parti, des raisons d'avenir pour lui, sa femme et ses enfants, ou d'autres motifs graves dont sa qualité de chef de la société conjugale le rend juge. Ce point, d'ailleurs, a été proclamé au conseil d'État, et c'est pour cela qu'on a retranché un alinéa de l'art. 214 qui restreignait l'obligation au sol français.

Il est des cas où la femme peut n'être plus tenue d'habiter avec le mari.

C'est, lorsque le mari n'offre pas à la femme une résidence convenable; car ainsi qu'on le voit par le texte même de l'article 214, le devoir d'habitation imposé à la femme est corrélatif à l'obligation où est le mari de la recevoir et de l'entretenir selon ses facultés et son état.

Lorsque le mari, sans y être contraint par une triste nécessité, veut traîner sa femme de pays en pays, sans jamais s'arrêter nulle part; car l'obligation imposée à la femme est celle de suivre le mari là où il juge à propos de résider, et non celle de mener une vie errante.

Enfin, lorsque malgré la prescription contraire d'une loi spéciale, le mari veut sortir de France; car il est bien clair que la loi ne va pas imposer à la femme le devoir de se rendre complice d'un fait qu'elle prohibe elle-même.

Abordons maintenant une question qui exerce depuis longtemps l'esprit des jurisconsultes.

Qu'arrivera-t-il si la femme refuse d'habiter avec son

mari ? Le Code est muet sur ce point, et il n'y a pas lieu de s'en étonner. Les travaux préparatoires prouvent en effet que les rédacteurs n'avaient sur cette question aucune idée bien arrêtée. Divers systèmes furent mis en avant, et l'on finit par dire que toutes ces difficultés devaient être abandonnées aux mœurs et aux circonstances.

La question ne peut cependant rester dans le vague. Il est nécessaire de préciser les solutions juridiques que la difficulté comporte.

Pourra-t-on déclarer la femme déchue de sa dot ou de sa part dans la communauté ? Non, aucun texte n'autorise une telle révocation.

L'abandon sera-t-il une cause de séparation de corps pour l'époux délaissé ? Non, mais il pourra, suivant les circonstances, dégénérer en une injure grave, et devenir, à ce titre, un moyen de séparation.

Le mari pourra-t-il refuser des aliments et tout secours pécuniaire à sa femme ? Oui, certes ; et de tous les moyens, celui-ci, lorsqu'il est possible, est le plus légitime ; car l'obligation du mari de nourrir et entretenir sa femme est directement corrélative à l'obligation de la femme de résider avec son mari.

Ce refus d'aliments, de secours pécuniaires, peut être impraticable ou inefficace : impraticable, si la femme elle-même perçoit ses revenus personnels, comme dans le cas de séparation de biens ou de régime dotal avec biens paraphernaux ; inefficace, si lors même que le mari a la jouissance des biens de sa femme, celle-ci reçoit d'ailleurs des moyens d'existence, soit de la part de sa famille, soit même, qui sait? de la part d'un tiers, de la part d'un étranger!

Autoriserons-nous alors le mari à ramener sa femme de vive force, *manu militari*, à son domicile? Il n'est pas de question plus controversée. Il serait trop long d'exposer tout ce que l'on a dit sur l'illégalité, l'impuissance ou le scandale d'un tel moyen, nous n'exposerons donc que notre opinion :

En droit, les juges peuvent autoriser le mari à faire ramener à son logis, *manu militari*, la femme qui l'a abandonné. Ce sera là souvent le seul moyen d'assurer l'effet du jugement qui ordonne à la femme de réintégrer le domicile conjugal, jugement qui ne doit pas rester illusoire. Ce moyen, d'ailleurs, n'a rien d'illégal, et c'est à tort que l'on confond ici l'emploi de la force armée avec l'exercice de la contrainte par corps. Il ne s'agit pas d'emprisonner la femme, mais seulement de la ramener au domicile où sa place est marquée par la loi.

En fait, Dieu garde mon plus grand ennemi d'en être réduit à employer la *manus militaris*, à refuser des aliments à sa femme, ou à saisir les revenus de ses biens, pour lui faire réintégrer le domicile conjugal. Bien que M. Demolombe ait dit : « Qui ne sait combien sont frivoles souvent les causes de ces mésintelligences domestiques, et tout ce que les influences étrangères et les mauvais conseils peuvent avoir d'empire sur les dispositions de la femme ! Ce n'est peut-être qu'une querelle d'un moment, qu'une vivacité accidentelle qui a déterminé son départ ; mais elle ne veut pas revenir pourtant, elle ne l'ose pas peut-être. Soit entêtement, soit amour propre et fausse honte, elle reste de son côté, n'ayant d'ailleurs contre son mari aucun grief sérieux. Mettez ces deux époux en présence, et souvent voilà la réconciliation opérée (1). » Cette manière de mettre deux époux en présence, *manu militari*, me semble par trop contraire à nos mœurs, à nos habitudes sociales, et ne pourrait, d'ailleurs, qu'aigrir de plus en plus, et d'une manière irréparable, les époux l'un contre l'autre.

(1) Demolombe II, n° 107.

CHAPITRE II

Puissance maritale sur les actes de la femme

L'autorité du mari ne s'exerce pas seulement sur la personne de la femme, elle s'exerce aussi sur ses actes. De là résulte une incapacité (art. 1124).

Avant d'examiner l'étendue et les effets de cette incapacité, il convient de remonter aux motifs qui l'ont fait établir pour en déterminer le caractère. C'est un sujet qui a donné lieu à des appréciations très-divergentes.

D'après une première opinion, l'incapacité de la femme mariée n'aurait été établie qu'en considération de la puissance maritale. Il y a là, dit-on, une déférence due au mari, dont l'autorité deviendrait illusoire, si les actes de la femme échappaient à son contrôle.

Suivant d'autres, l'incapacité aurait pour cause la conservation des intérêts communs dont le mari est le représentant et le gardien. Le mari est tout à la fois investi d'un droit et chargé d'un devoir. Le droit, c'est la puissance maritale ; le devoir, c'est de veiller sur tout ce qui peut compromettre l'intérêt de la famille. Ne pourrait-elle pas voir à souffrir gravement des actes de la femme ?

Un troisième système fonde la nécessité de l'autorisation sur la faiblesse et l'inexpérience des femmes.

Dans un quatrième système enfin, l'incapacité de la femme mariée a une origine germanique, et est fondée sur une idée de dépendance et sur une idée de protection, de direction dont la femme a besoin.

Étudions maintenant l'étendue et les suites de cette incapacité suivant qu'il s'agit d'actes judiciaires ou d'actes extrajudiciaires.

I.

ACTES JUDICIAIRES.

Article 215 : « La femme ne peut ester en jugement sans l'autorisation de son mari, quand même elle serait marchande publique, ou non commune, ou séparée de biens. »

Ester en jugement..... (stare in judicio) c'est-à-dire plaider, figurer comme partie dans un procès.

Non commune..... c'est-à-dire mariée sous des régimes où il n'y a pas communauté, où sa fortune est distincte de celle de son mari.

La règle posée par l'article 215 est générale et doit être appliquée :

1° Quelle que soit l'espèce d'instance dont il s'agit, car l'article 215 ne distingue pas.

Mais voilà qu'on poursuit l'interdiction de la femme ! Est-ce que, dans ce cas même, il faut qu'elle soit autorisée?

Il s'agit d'ester en jugement ; or l'article 215 est absolu, donc, même pour défendre à une poursuite en interdiction dirigée contre elle-même, la femme a besoin d'autorisation.

Mais supposez que c'est la femme qui poursuit l'interdiction de son mari. Ne pourrait-on pas dire alors : La loi qui accorde une action à la femme l'autorise par cela même à l'exercer ; or l'article 490 accorde à la femme le droit de provoquer l'interdiction de son mari. Comment, d'ailleurs, exiger en pareil cas, l'autorisation maritale ?

Pourtant la règle posée dans l'article 215 est, je le répète, absolue ; elle pourrait être ici fort utile, et prévenir une poursuite téméraire et regrettable. L'argument tiré de l'article 490 ne me paraît donc pas décisif, et je maintiendrais, même alors, le principe de la nécessité de l'autorisation.

Faut-il aller jusqu'à soutenir que la femme a besoin d'autorisation pour demander la nullité de son propre mariage ?

Non, direz-vous : on ne saurait l'obliger à procéder comme femme mariée, dans l'instance même où elle conteste la validité de son mariage ; ce serait là une contradiction manifeste.

Oui, répond M. Demolombe ; car il ne faut pas mettre l'effet avant la cause ; car en demandant la nullité du mariage, la femme reconnaît que, quant à présent du moins, il existe ; or, si le mariage existe, il doit produire ses effets, tant qu'il n'a pas été annulé.

La femme doit être autorisée pour paraître en justice, devant quelque tribunal que l'action soit portée, même en conciliation, devant le juge de paix, car le procès peut s'ensuivre, et ce préliminaire est la condition et le début d'une instance judiciaire.

Il n'est pas douteux non plus que la femme doit être autorisée pour chacune des phases du procès et pour chaque degré de juridiction, non-seulement donc pour la première instance, mais aussi pour l'appel; non-seulement pour l'appel, mais encore pour le pourvoi en cassation. Cette proposition est certaine, car il s'agit toujours, dans ces diverses périodes du procès, d'ester en jugement. La seule question est de savoir si l'autorisation donnée pour le premier degré est aussi donnée pour le second ; si, donnée pour le premier ou le second, elle l'est aussi pour le pourvoi en cassation. Nous ne le pensons pas.

Si générale d'ailleurs que soit notre règle, il ne faut pourtant pas l'exagérer. La femme peut donc, sans être autorisée, ou du moins, dans certains cas, avant de l'être, faire tous les actes conservatoires, et ceux mêmes pour lesquels le ministère d'un huissier serait nécessaire ; non-seulement la transcription de son acte de mariage art. (171) ou d'une donation entre-vifs (art. 940), ou l'inscription de son hypothèque légale sur son mari (art. 2194), ou toute inscription sur un tiers, mais aussi des sommations, des protêts, des oppositions, etc. Ce n'est pas là ester en justice, c'est pourvoir à la conservation de son droit. Il ne faut pas que la femme soit empêchée de ces sortes d'actes quelquefois urgents, et qui ne peuvent que lui profiter, sans jamais lui nuire, ni à elle-même, ni au mari, ni à l'autorité maritale.

La femme n'a pas non plus besoin de l'autorisation de son mari pour présenter la requête préalable à une demande en séparation de corps ou de biens, car ce n'est pas là encore ester en jugement. D'ailleurs, l'autorisation de plaider devant être accordée, dans ce cas, par le président du tribunal, la loi n'a pas dû exiger l'autorisation du mari pour la requête par laquelle la femme demande au président lui-même son autorisation.

2° Quel que soit le rôle de la femme partie dans l'instance, elle doit être autorisée à y ester soit comme demanderesse soit comme défenderesse.

3° Sous quelque régime qu'elle soit mariée, et lors même qu'elle serait marchande publique, la femme ne peut plaider sans autorisation.

4° Quel que soit son adversaire la femme doit être autorisée. Il ne faudrait donc pas conclure de certains arrêts que l'autorisation ne lui est pas nécessaire pour plaider contre son mari : sans doute, lorsque c'est le mari lui-même qui intente une action contre sa femme, il est censé l'autoriser à se défendre ; mais ce motif même démontre que l'autorisation est alors nécessaire ; aussi l'est-elle en effet également, lorsque la femme est demanderesse contre son mari.

L'autorisation nécessaire à la femme pour ester devant les tribunaux civils est-elle aussi exigée devant les tribunaux de justice répressive ?

Oui, quand la femme est poursuivante.

Non, quand elle est poursuivie.

Telle est la distinction qui résulte de l'art. 216 : « L'autorisation du mari n'est pas nécessaire lorsque la femme est poursuivie en matière criminelle ou de police. »

Mais quelle est l'étendue de cette exception? à quel cas enfin s'applique l'article 216 ? D'abord il n'est pas douteux qu'il s'applique à toute action dérivant d'une contravention, d'un délit et d'un crime, c'est-à-dire aux matières de police, aux matières correctionnelles et criminelles. Ce qui est plus difficile, c'est de savoir s'il est toujours applicable, par quelque personne d'ailleurs que l'action soit formée. La femme en effet peut être poursuivie, soit par le ministère public, soit par la partie civile. Tous conviennent que dans le premier cas, l'autorisation n'est pas requise. Mais ne doit-elle pas l'être dans le second, c'est-à-dire lorsque la femme est poursuivie par la partie civile? Trois hypothèses sont à cet égard possibles.

La partie civile agit en même temps et devant les mêmes juges que la partie publique.

Elle agit seule et directement, comme elle le peut faire en matière correctionnelle ou de police.

Elle agit devant les tribunaux civils.

Écartons de suite cette dernière hypothèse ; la femme, dans ce cas, doit certainement être autorisée, parce que, d'après le texte même de l'article 216, elle n'est pas alors poursuivie en matière criminelle ou de police mais bien en matière civile. Restent donc les deux premières hypothèses. Pour nous l'autorisation n'est requise ni dans l'une ni dans l'autre, car l'article 216 ne distingue pas. Disons de plus avec Portalis que : l'autorité du mari disparaît devant celle de la loi, et la nécessité de la défense naturelle dispense la femme de toute formalité. La partie civile, en effet, lorsqu'elle agit directement devant un tribunal de justice répressive, éveille ainsi et met en mouvement l'action publique ; je dirais presque qu'elle l'introduit et qu'elle l'exerce elle-même ! car finalement voilà le tribunal saisi ; et le ministère public peut requérir ! et la peine est là, dès ce moment, qui menace la femme ! (1).

II.

ACTES EXTRAJUDICIAIRES

Article 217 : « La femme, même non commune ou séparée de biens, ne peut donner, aliéner, hypothéquer, acquérir à titre gratuit ou onéreux, sans le concours du mari dans l'acte, ou son consentement par écrit. »

Non commune..... Ces mots ont le même sens que dans l'article 215, et signifient, comme nous l'avons déjà dit, mariée sous des régimes où il n'y a pas communauté.

Toute femme mariée est donc déclarée par notre article incapable, en principe, d'aliéner ou d'acquérir, soit à titre gratuit, soit à titre onéreux, sans l'autorisation de son mari.

(1) Demolombe, II, n° 143.

Incapacité d'aliéner, incapacité d'acquérir; tout l'article rentre dans ces deux idées, dont la première est exprimée par des termes redondants et inutiles. En effet, *donner*, c'est aliéner gratuitement, et *hypothéquer*, c'est encore aliéner, puisque l'hypothèque est un droit réel, un démembrement du droit de propriété, que le concédant fait sortir de son patrimoine, pour le faire passer dans le patrimoine du concessionnaire. Il eût donc été plus logique et plus simple de dire que la femme, sans l'autorisation du mari, ne peut ni aliéner ni acquérir.

Et d'abord la femme ne peut aliéner ; donc elle ne peut faire ni donation, ni vente, ni échange, ni renonciation, ni paiement, ni concession de servitudes.

La femme ne peut non plus acquérir ; donc elle ne peut ni recevoir une somme, ni recueillir une succession ou un legs, ni se faire concéder une servitude, ni acheter, ni accepter une donation.

La prohibition de l'acquisition gratuite se comprend facilement; car il n'est jamais convenable qu'une femme reçoive rien à l'insu de son mari, *ne turpem quæstum faciat.*

Quant à l'acquisition à titre onéreux, on ne peut pas s'étonner de la voir prohibée, puisqu'elle ne serait possible qu'au moyen d'une aliénation réciproque. Cependant les engagements que la femme contracte, pour les besoins du ménage, envers les tiers, marchands, fournisseurs, etc., sont valables. Et d'abord que ces sortes de soins et de détails fassent essentiellement partie des attributions de la femme, de son *département* dans la famille, c'est là une vérité de mœurs incontestable «.C'est à la femme de veiller au dedans et d'ordonner dans le domestique », disait Raviot sur Perrier. Ainsi l'exigent les convenances, les habitudes sociales et l'intérêt du mari lui-même, puisque autrement la femme ne trouverait aucun crédit pour les choses même les plus nécessaires à l'existence de la famille. Mais n'oublions pas pourtant que le mari seul est le chef et le directeur du ménage, et que c'est en son nom que tout doit se faire. La femme agit donc alors en vertu non pas de l'autorisation, mais bien plutôt de la procuration de son mari; elle ne traite pas en son propre nom, et n'a pas, en conséquence, besoin de l'autorisation proprement dite; elle traite comme mandataire de son mari, comme serait un maître d'hôtel ; or, le mari est, en général, présumé donner à sa femme le mandat de faire toutes les dépenses nécessaires à la famille suivant ses besoins et sa position ; à sa femme, dis-je, assurément, puisque de telles dépenses, habituellement consenties par un intendant à ses ordres, seraient présumées faites de son aveu ; donc pour ces sortes d'engagements, la femme mandataire du mari l'oblige et ne s'oblige pas elle-même. Quelle est l'étendue de ce mandat, de cette commission que le mari confère tacitement à sa femme ? C'est là une question de fait et d'appréciation, subordonnée à la position des époux, à leur fortune, à leurs habitudes, à la nature des dépenses, à leur utilité plus ou moins grande, à leur plus ou moins d'ancienneté, comme aussi à la bonne foi, à l'imprudence ou à la négligence plus ou moins excusable des marchands ou fournisseurs. C'est ainsi que les tiers seraient, en général, sans excuse et par suite sans action, si les dépenses étaient évidemment frivoles et excessives.

L'article 217 qui énumère les différents actes que la femme ne peut faire sans autorisation ne mentionne pas l'obligation parmi eux. Est-ce à dire pour cela que la femme peut s'obliger sans autorisation ? Non ; la raison proclame que celui qui s'oblige, engage, par là même, tous les biens qu'il a ou qu'il pourra avoir, à l'acquittement de son obligation, et le Code consacre ce principe dans les articles 2092 et 2093.

Art. 2092 : « Quiconque s'est obligé personnellement est tenu de remplir son engagement sur tous ses biens mobiliers et immobiliers, présents et à venir. »

Art. 2093 : « Les biens du débiteur sont le gage commun de ses créanciers. »

Or nous trouvons dans l'article 2124 que pour engager ses biens, il faut avoir le droit de les aliéner. Que signifierait, en effet, l'obligation prise par une personne qui ne peut rien laisser sortir de son patrimoine ? Si c'est une obligation de me donner une somme, de me livrer une des choses qui lui appartiennent, il lui est défendu de l'exécuter; si c'est une obligation de faire pour moi quelque chose je ne pourrais l'y contraindre que par une condamnation à des dommages-intérêts, mais il lui est défendu de se dépouiller de son argent, d'aucune partie de sa fortune. La personne contracterait donc là une obligation qu'on ne pourrait pas la forcer de remplir, c'est-à-dire une obligation sans lien, une obligation qui ne serait plus une obligation.

Donc, parce qu'elle est incapable d'aliéner, la femme se trouve incapable de contracter, de s'obliger. C'est, en effet, ce qui résulte des articles 219, 220, 221, 222, 223, 224, dans lesquels la loi parle toujours de contracter, de s'obliger, de passer un acte; et c'est ce que proclame très-catégoriquement l'article 1124 qui dit que « les incapables de contracter sont les mineurs, les interdits, les femmes mariées. »

Si les rédacteurs du Code n'ont point, quoique le Tribunat en ait fait la proposition, mentionné expressément dans l'article 217 l'incapacité de s'obliger, c'est uniquement parce qu'ils ont craint que l'expression, *s'obliger*, ne fît naître cette fausse idée, que l'incapacité de la femme s'étend même aux obligations nées de ses délits ou quasi-délits.

La femme ne peut pas s'imposer à dessein une obligation, nous venons de le voir, mais elle peut se trouver dans les liens d'une obligation très-valable, lorsque ce lien naît d'une autre cause que son intention de s'obliger.

Les obligations dans notre droit français naissent de cinq sources: les contrats, les quasi-contrats, les délits, les quasi-délits, puis la loi (art. 1370). Or, si la femme n'est jamais obligée par la première source, le contrat, elle l'est quelquefois par la seconde, et toujours par les trois autres.

Ainsi, dans le cas de tutelle de ses enfants d'un premier lit; ainsi encore, quand une valeur qui se trouve perdue pour un autre vient augmenter son avoir et tourner à son profit, *quando aliquid in rem ejus versum erit*, la femme sera obligée, car l'obligation ne naît pas alors de sa volonté, mais de la disposition de la loi, qui impose à la mère la tutelle de ses enfants (article 390) et qui ne veut pas qu'une personne, même incapable de s'obliger, s'enrichisse jamais aux dépens d'autrui.

Elle l'est par ses délits et quasi-délits, comme le serait alors un mineur lui-même, parce que le fait qui les constitue, bien qu'étant volontaire, ne s'accomplit pourtant pas dans le dessein de s'obliger (art. 1310).

Elle l'est enfin, dans le quasi-contrat, lorsque le fait volontaire qui le constitue n'émane pas d'elle. Ainsi quand c'est elle qui s'est occupée des affaires d'un tiers, sans que celui-ci l'en ait chargée (ce qui fait qu'il n'y a pas contrat de mandat), l'absence de l'autorisation maritale l'empêche d'être tenue des obligations du gérant d'affaires; et le tiers n'aurait action contre elle qu'en cas de faute qui constituerait un quasi délit; mais si c'est ce tiers qui a géré ses affaires, elle est tenue de toutes les obligations réciproques, conformément à l'article 1375.

Quoique l'article 217 semble prononcer une incapacité toujours absolue et indépendante du régime matrimonial adopté par les époux, il faut pourtant distinguer ; et, sous ce rapport, l'article 1124 est plus exact que notre article

217, lorsqu'il déclare que « les incapables de contracter sont : «..... les femmes mariées *dans les cas exprimés par la loi.* »

Sous le régime de la communauté ou de l'exclusion de communauté, ou sous le régime dotal (en ce qui concerne les biens constitués en dot), toutes les fois enfin que le mari a l'administration des biens personnels de sa femme, celle-ci est, en effet, absolument incapable de faire aucun contrat sans autorisation. Les pouvoirs sont alors dans la main du mari ; lui seul surtout a le droit d'administrer ; aussi le point de savoir si la femme a pu faire un contrat soulève-il alors très-souvent une question de mandat plutôt qu'une question d'autorisation maritale ; car si la femme alors contracte, c'est beaucoup moins en son nom personnel, qu'au nom et comme fondée de pouvoir de son mari, qui, d'après les conventions matrimoniales, conventions immuables, doit toujours demeurer chargé de l'administration qu'elles lui attribuent.

Mais la règle n'est pas aussi simple, lorsque la femme elle même a l'administration de ses biens personnels, soit dans le cas de séparation de biens contractuelle ou judiciaire, soit sousle régime dotal, quant à ses biens paraphernaux, soit même sous tout autre régime, quant aux biens dont elle se serait réservé l'administration et la jouissance (1534).

Écoutez l'article 1449 :

« La femme séparée soit de corps et de biens, soit de biens seulement, en reprend la libre administration.

Elle peut disposer de son mobilier et l'aliéner.

Elle ne peut aliéner ses immeubles sans le consentement du mari, ou sans être autorisée en justice, à son refus. » (Ajout. art. 1536, 1576).

Il faut alors combiner l'article 217 avec l'article 1449 et distinguer les contrats pour lesquels l'autorisation est, dans tous les cas, nécessaire à la femme, d'avec ceux qu'elle peut faire seule, en vertu de son droit d'administration.

Dans la première classe, on doit d'abord certainement ranger :

1° Toute aliénation, à quelque titre que ce soit, gratuit ou onéreux, de ses immeubles, par vente, échange, constitution d'usufruit ou de servitude, etc.

2° Toute aliénation à titre gratuit même des meubles, comme aussi toute obligation et toute acquisation au même titre (art. 905).

On a prétendu, il est vrai, que l'article 1449, accordant à la femme séparée de biens, dans les termes les plus absolus, le droit de *disposer* de son mobilier, et de l'*aliéner*, lui permettrait dès lors d'en disposer et de l'aliéner même à titre gratuit. Mais plusieurs réponses se présentent également décisives.

1° L'article 217, qui pose la règle générale, défend séparément et distinctement à la femme de donner et d'aliéner sans autorisation. Le mot aliéner est sans doute générique, *rem alienam facere* ; et il aurait pu comprendre toute translation de propriété, à quelque titre que ce fût ; mais enfin le Code ne l'a pas employé avec cette généralité, plus vraie d'ailleurs dans la théorie pure que dans les habitudes du langage et de la pratique ordinaire, où le mot aliéner est presque synonyme du mot vendre, comme le mot acquérir, terme générique aussi pourtant, ne signifie, pour beaucoup de gens, qu'acheter. Quoi qu'il en soit, il est certain que l'article 217 n'applique le mot aliéner, qu'à la translation de propriété à titre onéreux; or, l'article 1449, qui n'est qu'une exception, ne permet à la femme que d'aliéner son mobilier, ou d'en disposer si vous voulez, sans lui accorder le droit de le donner ; donc, pour la donation, l'article 217 forme toujours la règle.

2° L'article 905, disposition *ad hoc* et toute spéciale, interdit à la femme toute donation entre-vifs dans les termes les plus absolus.

3° Enfin l'art. 1449 n'accorde à la femme le droit de disposer de son mobilier que comme une conséquence et un moyen de la libre administration qu'il lui reconnaît. En effet la règle est dans l'article 217, l'exception dans l'article 1449 ; la disposition première et principale de cet article a pour but de concéder à la femme la libre administration de ses biens ; le second paragraphe n'est que la suite et le développement du premier ; et ce n'est dès lors que pour cause d'administration qu'il permet à la femme d'aliéner son mobilier. Or, la donation entre-vifs ne saurait être considérée comme un acte d'administration ; donc, elle ne rentre pas dans le droit d'aliéner qui résulte pour la femme de cet article.

Tout ce qu'on peut dire, c'est que la femme a le droit de faire seule, ces dons modiques, qui se prélèvent d'ordinaire, sur les revenus, et qui sont des présents, des cadeaux, plutôt que de vraies donations entre-vifs.

Dans la deuxième classe rangeons les contrats qui d'après leur nature, d'après l'usage général et les dispositions mêmes de la loi, sont considérés comme des actes d'administration.

La femme peut donc alors, sans autorisation, consentir toutes les obligations relatives à l'entretien et à la séparation de ses biens, faire des baux à loyer ou à ferme, aux conditions ordinaires de ses sortes de contrats. Elle peut aussi poursuivre le remboursement de ses capitaux, recevoir le remboursement même des rentes, et en donner valable décharge. Elle peut de même faire le placement de ses fonds soit sur l'État, soit sur particuliers, avec ou sans hypothèque, soit en actions dans une société, dès qu'il n'en résulte à sa charge aucune obligation personnelle, une fois le versement de son capital opéré. Elle peut aussi, d'après les termes formels de l'article 1449, disposer de son mobilier et l'aliéner, de son mobilier, quel qu'il soit, corporel ou incorporel ; par conséquent, céder et transporter ses créances, etc.

Ici se pose une question importante ; la femme séparée de biens peut-elle compromettre sur les difficultés relatives à l'administration de ses biens et à son mobibier ?

Les partisans de l'affirmative raisonnent ainsi : Toutes personnes peuvent compromettre sur les droits dont elles ont la libre administration (art. 1003 Pr.); or, la femme a la libre administration de ses biens et le droit de disposer de son mobilier ; donc, elle peut compromettre sur les difficultés relatives à l'administration de ses biens et de son mobilier. Opposéra-t-on l'article 215 qui ne permet pas à la femme, même séparée de biens, d'ester en jugement sans autorisation ? Mais compromettre n'est pas plaider, n'est pas ester en jugement. L'arbitrage est une juridiction toute privée, toute secrète, si tant est même que ce mot de juridiction puisse être alors de mise. Le texte de l'article 215 n'est donc pas applicable, et ses motifs surtout manquent ici complétement. Ce que veut l'article 215, c'est que la femme ne puisse pas s'engager, sans autorisation, dans les débats publics d'un procès, il y a là surtout une raison de convenance, de bienséance. Le caractère particulier du compromis n'a rien, au contraire, qui puisse blesser la légitime susceptibilité du mari. Ne serait-il pas très-regrettable, dans beaucoup de cas, que la femme fût incapable de compromettre sur de petites difficultés relatives à son droit d'administration, sur les dégradations, par exemple, qu'elle imputerait à son fermier, etc. ? Le compromis n'est-il pas alors lui-même, en quelque sorte, un acte d'administration?

Voici, toutefois, les motifs, plus décisifs selon moi, qui doivent faire triompher l'opinion contraire :

1° Aux termes de l'article 1004 Pr., on ne peut compromettre sur aucune des contestations qui seraient sujettes à communication au ministère public ; or, aux termes de l'article 83 Pr., les causes des femmes non autorisées de leur mari sont sujettes à communication, donc, elles ne sont pas susceptibles de compromis.

2° La femme, même séparée, ne peut ester en jugement, c'est-à-dire plaider, sans autorisation ; or le compromis n'est-il pas une sorte de procès ? Compromettre, n'est-ce pas à certains égards, plaider ?

3° Je conviens qu'il semblerait désirable que la femme pût compromettre sur de petites difficultés d'administration. Mais la loi n'a pas distingué ; et si les arguments de l'opinion contraire étaient vrais, il faudrait dire aussi que la femme marchande publique pourrait compromettre sur les difficultés relatives à son commerce, c'est-à-dire sur des difficultés quelquefois de l'intérêt le plus considérable ; or, une telle solution ne pourrait être admissible ; donc, le principe général est qu'en effet la femme ne peut, en aucun cas, compromettre sans autorisation.

Autre question ! La femme séparée de biens peut-elle sans autorisation acquérir à titre onéreux soit des meubles, soit des immeubles ? Les articles 217 et 1449 sont en désaccord et me paraissent être d'une conciliation difficile.

En résumé, le principe est que la femme, même séparée de biens, ne peut sans autorisation contracter aucune obligation étrangère à l'administration de sa fortune ; ni des emprunts, ni même un bail, s'il ne pouvait être considéré comme un acte d'administration, ni une obligation de faire, comme par exemple, un engagement dramatique. Il y a en outre dans ce dernier cas, un motif de haute convenance.

L'incapacité de la femme mariée, en ce qui concerne surtout les contrats, est donc plus ou moins complète, suivant le régime matrimonial adopté par les époux, suivant que l'administration et la jouissance des biens personnels de la femme appartiennent au mari, ou, au contraire, à la femme elle-même ; de là peuvent naître, dans l'une et l'autre situation, des difficultés fort sérieuses que nous allons examiner.

Et d'abord lorsque le mari, d'après les conventions matrimoniales, a l'administration et la puissance des biens propres de la femme, comme sous le régime de la communauté, d'exclusion de communauté, et le régime dotal, un tiers peut-il faire à la femme une libéralité sous la condition que le mari n'aura ni l'administration ni la jouissance du bien donné ou légué ? La condition qui attribue l'administration de ce bien à la femme, est-elle licite, ou doit-elle être réputée non écrite comme blessant l'autorité maritale et par conséquent l'ordre public. (art. 6.900) ? Grande controverse !

Suivant les uns, la condition est nulle, car, aux termes de l'article 1395, les conventions matrimoniales ne peuvent recevoir aucun changement après la célébration du mariage ; de plus la puissance maritale est d'ordre public ; et aucune condition ne saurait en affaiblir les ressorts, ni en altérer les prérogatives surtout contre le gré et malgré la résistance du mari ; or si la condition mise à la donation est valable, le tort fait à l'autorité maritale est flagrant ! voilà la femme indépendante ! Cet argument est sérieux, le plus sérieux, à mon avis, et je conviens qu'il me touche beaucoup ; je conçois le mari qui vient dire qu'il entend gouverner sa maison, et qu'il n'aurait pas voulu d'un ménage dans lequel il ne serait pas le chef, ni d'une femme qui pourrait, malgré lui, recevoir ses revenus et les dépenser à sa guise, sans surveillance et sans contrôle.

Suivant d'autres, l'ordre de chose que la donation ou le testament établit n'a rien de contraire à l'ordre public, puisqu'il aurait pu être constitué d'une manière générale par le contrat de mariage ; la condition ne pourrait donc être critiquée que comme portant atteinte à l'incommutabilité des conventions matrimoniales. Il est très-certain que le régime établi par le contrat de mariage ne peut être modifié plus tard par la volonté des époux. Mais les conventions matrimoniales sont-elles incommutables à tel point qu'un bien ne puisse être donné à l'un ou l'autre époux qu'à la condition de subir les règles que le contrat de mariage a établies ? Non. C'est ce que prouve clairement l'article 1401 qui permet de donner à un époux commun en biens, avec la condition que le bien donné ne tombera pas en communauté, quoiqu'il dût y tomber d'après le contrat de mariage.

Dans un troisième système M. Sériziat pense que pour

tout concilier, on ne devra accorder ni au mari, ni à la femme pendant le mariage, les revenus du bien légué, et que ces revenus seront capitalisés pour être remis à la femme lors de la dissolution du mariage.

Il nous reste une dernière question à examiner. Lorsque la femme, d'après les conventions matrimoniales ou en vertu d'un jugement qui aurait prononcé la séparation de biens, a le droit d'administrer elle-même sa fortune, le mari ne conserve-t-il pas toujours un droit de surveillance et de contrôle? Et peut-il demander à la justice que la femme soit tenue, suivant les circonstances, de prendre telle précaution, de fournir telle garantie qui serait jugée nécessaire, comme, par exemple, de faire emploi des capitaux des rentes qui lui seront remboursés, etc. ? Ceci est très-grave, le mari pourrait parfois intervenir utilement; mais la loi nous semble formelle, elle accorde à la femme la libre administration de son patrimoine (art. 1449), celle-ci peut donc s'opposer à toute espèce d'intervention du mari dans l'administration.

CHAPITRE III.

AUTORISATION MARITALE.

J'ai recherché dans quels cas la femme a besoin d'autorisation; c'est maintenant sur l'autorisation elle-même qu'il faut concentrer notre attention.

I.

FORME DE L'AUTORISATION MARITALE.

Nous devons d'abord déterminer la forme de l'autorisation. Dans l'ancien droit, on distinguait entre l'autorisation d'ester en justice et l'autorisation de contracter. Aujourd'hui cette distinction a complétement disparu. Dans aucun cas le consentement du mari n'est soumis à une forme sacramentelle. L'article 217 qui parle de la capacité nécessaire pour contracter, se contente d'un consentement écrit ou du concours du mari dans l'acte. Si l'article 215 ne déclare pas que l'autorisation du mari résultera suffisamment de son concours dans l'instance engagée ou soutenue par sa femme, c'est que l'ancien droit était déjà certain à cet égard, et pendant le mariage. La règle formulée dans les articles 223 et 1538 est générale.

Article 223 : « Toute autorisation générale, même stipulée par contrat de mariage, n'est valable que quant à l'administration des biens de la femme. »

Article 1538 : « Dans aucun cas, ni à la faveur d'aucune stipulation, la femme ne peut aliéner ses immeubles sans le consentement spécial de son mari, ou, à son refus, sans être autorisée par justice.

Toute autorisation générale d'aliéner les immeubles donnée à la femme, soit par contrat de mariage soit depuis, est nulle. »

Que faut-il entendre par la spécialité de l'autorisation ? Cette question est des plus délicates. Pour nous, nous dirons que l'autorisation est spéciale lorsqu'elle détermine l'objet, le genre d'opération et les conditions de cette opération.

Tel est le principe ! Il ne faut pas l'exagérer sans doute, et aller, par exemple, jusqu'à dire que le mari devra connaître le jour même où se fera le contrat !

Mais d'abord dans quels cas ce principe reçoit-il son application. Le mari a donné à sa femme l'autorisation la plus vaste, la plus générale, d'emprunter, d'aliéner, d'hypothéquer les biens de la communauté ou ses biens personnels, à lui mari. Cette autorisation est-elle valable ? et les obligations, hypothèques ou aliénations consenties par la femme, en vertu d'une telle autorisation, devraient-elles être maintenues ? L'affirmative me paraît certaine ; et ma démonstration sera faite quand j'aurai rétabli l'exactitude des mots. Ne dites pas en effet, quand vous proposez une telle hypothèse, que le mari a *autorisé* sa femme ; ce n'est point là une autorisation, ce n'est qu'un mandat ordinaire, et une procuration comme une autre ; or, d'une part, le mari peut donner un mandat à sa femme, et placer sa confiance en elle ; d'autre part, un mandat conçu dans les termes ci-dessus est valable, puisqu'il est spécial et exprès, dans le sens des articles 1987 et 1988 ; donc, les actes passés par la femme, en vertu de cette procuration, seront valables. Je dis qu'il n'y a point alors et qu'il ne saurait même y avoir d'autorisation. Quand est-ce, en effet, que le mari peut autoriser sa femme ? c'est lorsque celle-ci agit en son propre nom, traite sur ses biens personnels, et fait en un mot des actes qu'elle a le droit de faire ; or, en premier lieu, pour ce qui concerne les biens personnels du mari, la femme ne peut agir en son nom personnel, et n'a aucun droit d'en disposer ; donc, elle ne peut agir qu'au nom du mari, et comme son fondé de pouvoir.

Et ce que je dis des biens propres du mari n'est pas moins vrai des biens de la communauté ; car, tant que dure la communauté, la femme n'y a encore aucun droit net et arrêté ; car le mari ne peut pas résigner ses pouvoirs entre les mains de sa femme, et se dégager ainsi de la responsabilité qui pèse et doit toujours exclusivement peser sur lui. Il faut maintenir cette solution même à l'égard des biens personnels de la femme, en tant qu'il s'agirait d'actes d'administration, si cette administration appartenait au mari, d'après les conventions matrimoniales. La femme, dans ce cas, n'ayant pas personnellement le droit d'administrer sa propre fortune, ne pourrait pas y être autorisée, dans le sens technique de ce mot ; les époux ne sauraient changer ainsi le contrat de mariage, et attribuer comme un droit propre à la femme, un droit que ce contrat attribue au mari. Ce serait donc toujours le mari qui agirait par l'entremise de sa femme, et la femme dès lors ne serait encore dans ce cas que son mandataire.

On pourrait même remarquer que l'article 223 n'est pas d'une exactitude irréprochable, lorsqu'il déclare que l'autorisation générale n'est valable que quant à l'administration des biens de la femme.

De deux choses l'une, en effet :

Ou l'autorisation générale d'administrer tout ou partie de ses biens a été donnée à la femme par contrat de mariage; et alors c'est le régime de séparation de biens totale (art. 1536. 1575), ou partielle (art. 1534. 1549); auquel cas, à vrai dire, la femme n'a pas besoin du tout d'autorisation, pas plus que lorsqu'elle administre ses biens, à la suite d'une séparation judiciaire.

Ou, au contraire, l'autorisation générale d'administrer a été donnée depuis le mariage par le mari à la femme, pour des biens dont le contrat de mariage attribue l'administration au mari; et alors, je le répète, ce n'est point une autorisation, mais plutôt un mandat.

Quand est-ce donc seulement que nos articles 223 et 1538 seront applicables ? C'est lorsqu'il s'agira d'aliénations ou d'engagements ou de tout autre acte enfin qu'un acte d'administration, relatif aux biens personnels de la femme. C'est alors vraiment qu'il y aura autorisation, et que l'autorisation devra être spéciale.

Maintenant changeons les rôles, et supposons que c'est la femme qui donne à son mari un mandat général d'aliéner et d'emprunter pour elle; quel sera le sort de ce contrat? J'admets d'abord, dit M. Demolombe. qu'un mandat illimité d'emprunter ou d'aliéner sans indication des sommes, des biens, ni d'un délai quelconque soit valable, ce n'est pas que cette proposition ne soit susceptible elle-même de controversé, cependant je l'accepte pour aujourd'hui pleinement et complétement. Mais un tel mandat peut-il être consenti même par une femme mariée ? voilà ce qui me semble inadmissible. Il faut bien, en effet, que l'on reconnaisse que, même avec l'autorisation de son mari, la femme ne pourrait conférer à un tiers un tel mandat. Ce mandat serait spécial ! soit; mais l'autorisation du mari serait générale et la nullité de l'autorisation entraînerait la nullité du mandat. Or, pourquoi n'en serait-il pas ainsi, lorsque ce mandat est donné par la femme à son mari lui-même ? La femme a toujours besoin d'autorisation lors même que c'est avec son mari qu'elle plaide ou qu'elle contracte. On objecterait en vain que le mari, en usant de ce mandat, donnera à chaque acte une autorisation spéciale. L'autorisation, en effet, ne peut s'appliquer qu'à des actes régulièrement consentis par la femme. Or, ici la femme n'a pas valablement donné son consentement, car elle ne l'a donné qu'en vertu d'une procuration nulle; et si vous prétendez que le mari autorise, je réponds, moi, que le mandataire est sans pouvoir ! Et voilà précisément ce que disait aussi, en pareil cas, Pothier, d'accord avec Lebrun : « la procuration étant nulle, faute d'autorisation, le contrat fait en vertu de cette procuration ne pourrait se soutenir (1). »

Ce qui m'a déterminé surtout à adopter cet avis, c'est que l'usage de semblables procurations présenterait les plus graves inconvénients. On verrait des femmes, amenées à se décharger ainsi sur leurs maris du soin de leurs propres affaires, reculer ensuite devant la révocation d'un mandat dont elles apercevraient trop tard les conséquences.

Le principe de la spécialité de l'autorisation a reçu une exception considérable. L'autorisation donnée par le mari à la femme de faire le commerce l'habilite à faire tous les actes que concerne son négoce ; (art. 220 et 1426 C. N. art. 5 et 7 C. de c.), Cette autorisation peut résulter de la tolérance du mari, sans aucun écrit, sans aucun concours de sa part. Cela résulte de l'article 5 du Code de commerce, qui déclare que « la femme ne peut être marchande publique sans le consentement de son mari, » et n'exige pas comme l'article 217 du Code Napoléon son consentement par

(1) Pothier, de la Puiss. du mari, n° 70.

écrit. Et si vous objectez que le Code de commerce se réfère, pour la forme de ce consentement, au droit commun et au Code Napoléon, je répondrai que cette rédaction a pu être, au contraire, intentionnelle, soit, parce qu'elle consacre une différence déjà ancienne, soit, parce que cette différence elle même est fondée sur des motifs particuliers, sur la plus grande publicité, en général, de la profession de commerçante qui ne permettra guère les contestations que l'article 217 a voulu prévenir, quant au point de savoir si le mari a connu ou ignoré l'acte en question, et sur la bonne foi et la sécurité si nécessaires dans le commerce.

Mais est-ce à dire que toutes les fois que la femme aura fait des actes de commerce au vu et au su du mari, elle devra être considérée comme commerçante ? Le texte fait lui-même la réponse : article 220 «.....: Elle n'est pas réputée marchande publique, si elle ne fait que détailler les marchandises du commerce de son mari; mais seulement quand elle fait un commerce séparé. »

C'est qu'en effet, lorsque le mari lui même est commerçant, lorsque c'est lui qui personnellement est à la tête de l'entreprise, la femme ne saurait plus avoir un rôle principal, un rôle distinct de celui du mari, devant lequel, au contraire, elle s'efface et doit disparaître. Ce n'est point elle alors qui est en scène; ce n'est point elle qui fait le commerce. Et si elle aide son mari, si elle se tient dans le comptoir pour vendre la marchandise, si même elle signe des factures ou des billets, elle n'agit en tout cela que comme mandataire de son mari, sans s'obliger par conséquent elle-même, pas plus que ne ferait, suivant le mot de Pothier, *une fille de boutique* qui serait, chez un commerçant, dans l'usage de faire ces sortes d'actes au vu et au su de son maître.

Un seul droit manque à la femme commerçante, celui d'ester en justice, sauf cela, la femme jouit d'un pouvoir illimité et exceptionnel en ce qui concerne son négoce. Quant au reste, elle demeure incapable.

III.

MOMENT OU L'AUTORISATION MARITALE DOIT INTERVENIR

A quel moment l'autorisation doit-elle intervenir ? L'autorisation peut intervenir soit avant l'acte, soit au moment même de l'acte.

Pourrait-elle intervenir après ? C'est une question forte débattue. Nous nous rangeons, de concert en cela, avec la jurisprudence et la majorité de la doctrine, du côté de la négative. Que veut, en définitive, l'article 217? que la femme ne puisse pas faire certains actes sans le concours du mari ou son consentement par écrit ; c'est le moment même où l'acte se passe que l'article 217 a pour but de régir. Voilà une femme mariée qui va aliéner ou acquérir .. que lui faut-il ? Tel est le fait prévu par la loi qui nous répond : la femme ne peut pas agir, c'est-à-dire agir maintenant, sans le consentement du mari. Cet article, en un mot, s'occupe de l'autorisation maritale, et non point d'une question de ratification ; or, le consentement postérieur du mari ne serait vraiment autre chose qu'une ratification ; donc l'article 217 est violé si, au moment même où l'acte a eu lieu, la femme n'était pas autorisée. Il est évident qu'elle a fait alors ce qu'elle ne devait pas, ce qu'elle ne pouvait valablement faire. Cela posé, qu'en est-il résulté ? Deux actions en nullité, l'une attribuée au mari dont la puissance a été méprisée, l'autre à la femme qui n'a pas été protégée. Et la question maintenant est de savoir, si le mari peut ratifier l'acte annulable que la femme a consenti et lui enlever son action en nullité ? Assurément le mari est maître de donner une autorisation après coup, de ratifier, d'approuver l'acte qu'il pourrait faire annuler, mais, à la différence de l'autorisation proprement dite, dont l'effet est général, la ratification qu'il donne à l'acte, c'est-à-dire la renonciation qu'il fait à son action en nullité n'a et ne peut avoir d'effet que quant à lui; car on ne peut renoncer qu'aux droits qu'on a. L'action qu'à la femme est bien à elle; la loi la lui confère afin qu'elle puisse reprendre, en l'exerçant, les avantages pécuniaires qu'elle a dû, à raison du peu de solidité de son engagement, céder aux tiers qui ont contracté avec elle. C'est donc dans son propre intérêt et pour la protéger elle-même, que cette action a été organisée. Elle seule, par conséquent, en peut disposer, car nul ne peut être dépouillé de son droit que de son consentement. Et ce qui prouve encore que le contrat ratifié par le mari seulement reste annulable à l'égard de la femme, c'est qu'elle peut encore l'attaquer pendant dix ans après la dissolution de son mariage bien que son mari l'ait tacitement ratifié pendant le mariage (art 1304).

IV.

RÉVOCATION DE L'AUTORISATION MARITALE

L'autorisation donnée par le mari n'est pas irrévocable. Lorsque, après avoir donné son autorisation, le mari découvre des motifs sérieux, des dangers qu'il n'avait pas prévus, il peut revenir sur sa première décision et retirer son consentement. Mais il faut que les choses soient encore entières. La femme, du reste, aura alors, comme toujours, la faculté de recourir à la justice.

Est-il besoin de dire que le mari n'a pas le droit de révoquer l'autorisation donnée à sa femme par la justice ? Ce serait rendre illusoire le pouvoir attribué à la justice. Tout ce que le mari pourrait faire au cas où des circonstances graves se présenteraient, ce serait de s'adresser au tribunal pour obtenir le retrait de l'autorisation antérieurement accordée.

CHAPITRE IV

AUTORISATION DE JUSTICE.

La loi a dû prévoir le cas où le mari refuserait injustement son autorisation, ou se trouverait dans l'impossibilité de l'accorder. Alors le législateur remet à la justice le soin d'exercer le contrôle qui était réservé au mari.

I.

FORME DE L'AUTORISATION DE JUSTICE.

Et d'abord faut-il suivre le même mode de procéder dans tous les cas, quel que soit le but de l'autorisation demandée par la femme, soit pour ester en jugement, soit pour contracter?

On pourrait soutenir la négative. Écoutez, en effet, les textes mêmes:

Article 218 : « Si le mari refuse d'autoriser sa femme à ester en jugement, le juge peut donner l'autorisation.»

Article 219: « Si le mari refuse d'autoriser sa femme à passer un acte, la femme peut faire citer son mari directement devant le tribunal de première instance de l'arrondissement du domicile commun, qui peut donner ou refuser son autorisation, après que le mari aura été entendu ou dûment appelé en la chambre du conseil. »

Ainsi le Code Napoléon ne réglait la forme de procéder que pour obtenir l'autorisation de justice à l'effet de passer un acte (art. 219). Quant à l'autorisation pour citer en jugement, il n'en déterminait pas la forme (art. 218).

Il y avait là une omission, que l'article 861 Pr. a eu précisément pour but de réparer:

« La femme, qui voudra se faire autoriser à la poursuite de ses droits, après avoir fait une sommation à son mari, et sur le refus par lui fait, présentera requête au président qui rendra ordonnance portant permission de citer le mari à jour indiqué, à la chambre du conseil, pour déduire les causes de son refus. »

Cet article introduit, comme on le voit, un mode de procéder différent de celui que l'article 219 avait établi. Mais à quel cas s'applique-t-il? Au cas où la femme veut se faire autoriser à la poursuite de ses droits c'est-à-dire au cas uniquement où elle demande l'autorisation d'ester en jugement. C'est qu'en effet l'article 861 Pr. n'a eu pour but que de compléter l'article 218, sans rien changer d'ailleurs à l'article 219 très-complet par lui-même.

Voilà l'argument de texte qu'on pourrait présenter à l'appui de cette distinction; mais cet argument n'a pas réussi et ne pouvait pas en effet réussir. Pourquoi donc ici une différence? Qu'importe le but et l'objet de l'autorisation demandée par la femme ? n'est-ce pas une autorisation qu'elle demande, dans tous les cas, à la justice ? N'hésitez donc pas à dire que la forme aussi doit être toujours la même. Est-ce que par exemple, avant le Code de procédure, on aurait pu faire une distinction? Non, sans doute; dans le silence de l'article 218, on aurait dû suivre la forme indiquée par l'article 219; or l'article 861 Pr. est venu, depuis, introduire un mode de procéder meilleur et plus convenable; donc ce nouveau mode doit s'appliquer aussi, dans tous les cas, comme celui que le Code Napoléon avait établi et qu'il remplace. Mais l'article 861 Pr. ne parle que des cas où la femme veut se faire autoriser à la poursuite de ses droits? Il est vrai que ces mots sont équivoques et sembleraient même favoriser l'opinion contraire; mais ils ne sont pas tels néanmoins qu'ils suffisent à créer une différence si absolument dépourvue de toute raison. Après tout, la femme qui demande a la justice l'autorisation de contracter, ne demande-t-elle pas aussi à exercer, à poursuivre ses droits? Et puis, en cas d'absence ou d'incapacité du mari, est-ce que vous n'appliquerez pas, pour tous les cas sans distinction, les articles 863, 864? Il le faudra bien, puisque, alors, le Code Napoléon ne détermine lui-même aucune autre forme; or, si vous appliquez les articles 863, 864 Pr quel que soit le but de l'autorisation demandée, il devient de plus en plus impossible de ne pas appliquer de même l'article 861. Appliquons-le donc toujours, sans permettre, en aucun cas, à la femme de citer directement son mari devant le tribunal. La forme de procéder établie par l'article 861 est trop sage pour que nous n'y reconnaissions pas une dérogation à l'article 219.

Ainsi donc ce sont les articles 861 et suivants qui indiquent les formalités à remplir pour obtenir l'autorisation de justice. Mais ces articles ont-ils prévu tous les cas où cette autorisation doit être demandée? non. Ils ne s'expliquent pas sur le cas où le mari est mineur, ou frappé d'une condamnation emportant peine afflictive ou infamante, Que fera donc la femme? Si le mari est mineur, la femme présentera simplement requête au président à fin d'autorisation, la sommation préalable à son mari est inutile. Si le mari est frappé d'une condamnation emportant peine afflctive ou infamante, la sommation préalable est encore inutile, cela résulte de l'article 221. La femme n'aura qu'à joindre à sa requête l'arrêt de condamnation.

II.

CAS OU LA JUSTICE PEUT AUTORISER.

Nous avons dit, dès le début, que la justice pouvait autoriser lorsque le mari refusait injustementson autorisation, ou se trouvait dans l'impossibilité de l'accorder.

L'hypothèse où le mari refuse est très-simple. Il en a le droit sans doute, sauf le droit pour la femme et aussi pour les tiers, de se pourvoir devant la justice, qui décidera.

Nous n'avons donc qu'à rechercher quelles circonstances constituent, de la part du mari, l'impossibilité d'autoriser la femme.

1° L'absence du mari est au premier rang des causes de cette impossibilité (art. 222). Quelques auteurs ont voulu entendre ces mots dans le sens juridique, absence présumée ou déclarée, sans admettre que jamais la justice puisse intervenir en cas de simple non présence. C'est aller trop loin ; sans doute il ne faut pas que la femme puisse éluder le contrôle du mari en choisissant le moment où il est en voyage; mais il peut y avoir urgence, ses intérêts ne doivent pas être laissés en souffrance. Nous accorderons donc aux tribunaux un pouvoir d'appréciation.

2° Lorsque le mari est frappé d'une condamnation emportant peine afflictive ou infamante, encore qu'elle n'ait été prononcée que par contumace, la femme même majeure ne peut, pendant la durée de la peine, ester en jugement ni contracter qu'après s'être fait autoriser par le juge, qui peut en ce cas, donner l'autorisation, sans que le mari ait été entendu ou appelé. (art. 221).

Il y a ici deux raisons pour faire passer le droit d'autorisation du mari aux mains de la justice : la première, c'est qu'en fait, le mari sera le plus souvent hors d'état de correspondre avec sa femme ; la seconde, c'est qu'en droit, le mari se trouve frappé d'indignité, il a perdu ses droits à la soumission de sa femme.

Pendant la durée de la peine, dit l'article 221, ces mots ont fait naître un difficulté.

La dégradation civique rend-elle le mari incapable d'autoriser sa femme ?

Le mari frappé d'une condamnation à une peine infamante, en est déclaré incapable (art. 221) ; or, la dégradation civique est une peine infamante (art. 8, C. P.) ; où donc est le doute?

Le voici : c'est que, d'après notre article 221, cette incapacité n'est que temporaire; tandis que si la dégradation civique doit la produire, il en résultera au contraire, que cette incapacité sera toujours perpétuelle, sauf le cas assez rare de réhabilitation ; toujours, je le répète ; car, d'une part la dégradation civique elle-même est perpétuelle ; d'autre part toutes les peines afflictives ou infamantes emportent la dégradation civique (art. 8, C. P.) ; donc, finalement l'incapacité prononcée par l'article 221 serait toujours aussi perpétuelle. Telle est, en effet, la conclusion à laquelle est arrivé Delvincourt, qui, regardant comme inutiles ces mots de l'article 221, « pendant la durée de la peine », enseigne que le mari ne pourra plus désormais autoriser sa femme à quelque époque que ce soit.

Mais on ne saurait retrancher ainsi du texte de la loi presque toute une phrase, et la déclarer inutile ! Ces mots supposent évidemment que la loi n'a entendu prononcer l'incapacité que pendant une certaine durée de temps ; et nous ne pouvons pas la rendre perpétuelle. Comment donc faire ? et que répondre à l'argument tiré des articles 8 et 28 C. P.? Je n'y vois qu'un moyen: c'est de dire que l'article 221 C. N. ne s'applique point à la dégradation civique. Sans doute, et j'en conviens, nous restreignons à notre tour un peu la généralité de ses termes qui paraît s'appliquer à toutes les peines infamantes ; mais ce qu'il peut y avoir d'équivoque la première partie de cet article, doit être interprété par ces mots très nets « pendant la durée de la peine », qui encore une fois, démontrent que l'incapacité n'est que temporaire, et que, dès lors, elle ne doit résulter que de la peine considérée seulement comme afflictive. Ajoutez que l'article 34 C. P. ne met pas cette espèce d'incapacité au nombre de celles que produit la dégradation civique ; tout annonce dès-lors qu'elle n'est qu'un effet de l'interdiction légale, que l'article 29 C. P. ne prononce effectivement aussi contre les condamnés à certaines peines, que pendant la durée de la peine.

La disposition de l'article 221 est déclarée par cette article lui-même, applicable en cas de condamnation par contumace. Si la contumace n'est purgée, l'incapacité durera pendant tout le temps voulu pour la prescription de la peine.

3° Si le mari est mineur, l'autorisation du juge est nécessaire à la femme, soit pour ester en jugement, soit pour contracter (art. 224).

Le mari mineur étant lui-même incapable, ne peut-être chargé de contrôler sa femme et de la relever de son incapacité, il va sans dire que le mineur émancipé par le mariage peut valablement autoriser sa femme à faire les actes qu'il pourrait faire lui-même. Mais c'est un principe presque sans conséquences. Les actes en effet ne sont alors que des actes d'administration ; or, de deux choses l'une : ou cette administration est laissée à la femme par le contrat de mariage, alors elle n'a besoin d'aucune autorisation ; ou cette administration est réservée au mari, alors dans le cas ou elle agirait elle-même avec l'autorisation du mari, elle serait considérée comme son mandataire.

4° Si le mari est interdit, le juge peut en connaissance de cause, autoriser la femme, soit pour ester en jugement, soit pour contracter (art. 222).

L'article 222 est-il applicable, sans aucune modification, lorsque c'est la femme elle-même qui a été nommée tutrice de son mari interdit ? (art. 507). La femme, dans ce cas, est-elle toujours soumise à la nécessité d'obtenir l'autorisation de justice ? ou ne doit-on pas au contraire, déterminer sa capacité d'après les règles de la tutelle et lui accorder les mêmes pouvoirs qu'au tuteur ?

On pourrait dire sans doute que l'article 222 est absolu ; qu'il ne distingue pas entre le cas où le tuteur du mari est un étranger et le cas où la tutelle a été déférée à la femme elle-même, et que dès lors, il doit être appliqué dans tous les cas. Il me paraît toutefois impossible d'admettre une telle conclusion.

Distinguons d'abord deux hypothèses ou plutôt deux espèces de biens.

S'agit-il des biens personnels du mari ou des biens de la communauté? Dans ce cas, la femme n'agit pas en son propre nom ni pour son compte ; elle agit au nom du mari, pour le compte du mari ou de la communauté ; elle remplit enfin le mandat que la loi elle-même lui a confié en permettant qu'elle fût nommée tutrice. Et dès lors sa capacité et ses pouvoirs doivent être réglés non point par les principes de l'autorisation maritale, tout à fait inapplicables en cette circonstance, mais uniquement par les principes de la tutelle. Elle pourra donc faire seule tous les actes que le tuteur peut faire seul ; et quant à ceux pour lesquels l'autorisation ou l'homologation sont nécessaires, elle s'adressera aussi, comme tout tuteur, au conseil de famille ou au tribunal, pour lui demander alors, non pas une autorisation proprement dite, mais plutôt une homologation. Cette solution, très-rationnelle, n'offre d'ailleurs aucun inconvénient, soit parce que, pour les actes importants de la tutelle, la femme, comme tout tuteur, ne pourra pas les faire seule ; soit même parce que, dans ce cas particulier, l'article 507 autorise le conseil de famille et le tribunal à régler, suivant les circonstances et pour le plus grand intérêt du mari, les pouvoirs de la femme tutrice.

S'agit-il des biens personnels de la femme ? Si, d'après les conventions matrimoniales, le mari en a l'administration et la jouissance, il faut appliquer le même principe ; et la femme aura, pour tous les actes d'administration et de jouissance, les mêmes droits que tout autre tuteur ; car dans ce cas encore et pour ces sortes d'actes elle n'est que mandataire. Elle n'en aura pas besoin davantage pour les actes d'administration et de jouissance relatifs à ses biens personnels, dont elle aurait, d'après le contrat de mariage, la jouissance et l'administration ; car nous savons que, lors même que le mari ne serait pas interdit, la femme est alors dispensée de la nécessité de l'autorisation.

Restent donc seulement en dernière analyse, deux questions en ce qui concerne ses biens personnels :

1° Peut-elle seule ester en jugement, soit en demandant, soit en défendant, dans le cas où un tuteur le pourrait, par exemple dans les matières mobilières ?

2° Lorsqu'il s'agit d'actes qui excèdent les limites de l'administration, quelle marche doit-elle suivre ? Est-ce l'autorisation du conseil de famille et aussi, suivant les cas, l'homologation du tribunal, qu'elle doit demander ? N'est-ce pas plutôt l'autorisation de justice, aux termes de l'article 222 ?

Disons que dans les deux cas, la femme devra recourir à l'autorisation de justice car elle agit en son propre nom et non comme tutrice de son mari.

Nulle difficulté sur l'inefficacité d'une autorisation donnée par le mari postérieurement au jugement qui a prononcé son interdiction. Si l'autorisation est antérieure à l'interdiction, il faut se reporter aux règles posées par les articles 503 et 504.

Nous assimilerons au cas d'interdiction prononcée, celui où le mari est enfermé dans une maison d'aliénés, sans toutefois lui attribuer un effet aussi radical. L'autorisation dans ce cas, en effet, n'est pas nulle, mais seulement annulable (loi du 30 juin 1838, art. 39).

Nous assimilerons également au mari interdit celui qui est pourvu d'un conseil judiciaire. Les raisons ici sont à peu près les mêmes. C'est en vain qu'on objecterait que la loi ne prononce l'incapacité que contre les interdits, et que nous ne nous trouvons pas ici dans la situation spécialement prévue. La loi elle-même, sous le nom d'interdits, comprend, dans plusieurs cas, les individus simplement pourvus d'un conseil judiciaire. Tel est, de l'avis de tout le monde, le sens du mot interdit dans l'article 442. C'était là, du reste, la décision de l'ancien droit ; c'est aussi, selon nous, la seule conforme au bon sens. Comment, en effet, concevoir qu'un incapable puisse être appelé à autoriser lui-même un autre incapable.

Nous venons de parler de l'interdiction et de la minorité du mari, mais est-ce donc que l'interdiction et la minorité de la femme ne pourraient pas modifier aussi, à quelques égards, les règles de l'autorisation maritale ?

Et d'abord je suppose que la femme est interdite. Si le mari est tuteur, point de difficulté ; il faut appliquer les règles ordinaires de la tutelle. Mais, c'est au contraire une situation fort délicate que celle dans laquelle la femme interdite aurait pour tuteur un tiers autre que son mari. Les actes que la femme aurait pu faire seule avant son interdiction, soit en vertu du contrat de mariage, soit en vertu d'une séparation de biens judiciaire, ces actes, dis-je, le tuteur pourra aussi les faire seul, comme mandataire légal de la femme. Mais quant à ceux pour lesquels la femme aurait dû obtenir l'autorisation de son mari ou de justice, le tuteur sera-t-il soumis à la même obligation? Non, il semble résulter du texte même des articles 215 et suivants, que c'est la femme seule, la femme agissant elle-même qui est soumise à la nécessité de l'autorisation du mari ou de justice.

En cas de minorité de la femme, de deux choses l'une: si le mari est majeur, il est encore aujourd'hui, comme disait autrefois Lebrun, le curateur-né de sa femme. Le mari donc, en pareil cas, autorisera sa femme comme mari, et, de plus, l'assistera comme curateur dans tous les actes où cette assistance est nécessaire au mineur émancipé (art. 480-482). Si le mari est mineur, ou s'il refuse d'exercer son rôle de curateur, ou ne veut pas autoriser, alors le tribunal nomme à la femme un curateur *ad hoc* pour chaque affaire. C'est là une manière de procéder indiquée par l'article 2208 au cas de saisie immobilière. Elle doit être appliquée aux autres cas. Il ne paraît point, en effet, qu'il puisse jamais être donné à la femme un curateur permanent. Ajoutons que pour les actes soumis à des formes particulières, le curateur de la femme, quel qu'il soit, devra obtenir tantôt l'autorisation du conseil de famille, tantôt même l'homologation du tribunal.

Mais est-ce à dire que les hypothèses qui précèdent soient les seules dans lesquelles l'autorisation de justice est nécessaire à la femme? Est-ce que, par exemple, cette autorisation n'est pas encore requise, soit lorsque la femme s'oblige envers un tiers dans l'intérêt de son mari, soit lorsqu'elle contracte directement avec lui ? Est-il possible que le mari lui-même soit alors capable d'autoriser sa femme? Nous touchons à un ordre de principes de la plus haute importance; il s'agit d'apprécier l'un des effets les plus intéressants et les plus essentiels du mariage : la capacité respective des époux l'un envers l'autre. On avait, dans les premiers temps de la promulgation du Code Napoléon, prétendu que la femme ne pouvait s'obliger dans l'intérêt de son mari, même envers un tiers, qu'avec l'autorisation de justice, on invoquait la maxime: *nemo potest esse auctor in rem suam*. Mais cette doctrine n'a pas prévalu.

Passons maintenant à la seconde question; le mari est-il capable d'autoriser sa femme lorsqu'elle contracte directement avec lui ? Difficile sujet, plus pratique encore et plus important que difficile, qui intéresse au plus haut degré tous les époux, toutes les familles, et sur lequel néanmoins, à ce moment même, on ne trouve encore, j'ose le dire, qu'incertitudes et obscurités dans la jurisprudence et dans la doctrine.

Une première opinion enseigne : 1° que les contrats sont en général permis entre mari et femme, excepté dans les cas où un texte de loi les défend ; 2° mais qu'ils ne peuvent avoir lieu qu'avec l'autorisation de justice.

Dans un second système, on dit que les contrats entre époux sont défendus, excepté seulement ceux qu'un texte de loi autorise.

Suivant M. Demolombe les contrats entre époux sont permis sous les conditions suivantes : 1° il faut que le contrat ne constitue pas une vente, sauf les trois cas exceptés par l'article 1595 ; 2° il faut que le contrat ne constitue pas une dérogation aux conventions matrimoniales ; 3° enfin il faut que le contrat ne constitue point une donation qu'on aurait voulu soustraire à la règle essentielle de révocabilité, écrite dans les articles 1096, 1097, et ne soit pas non plus un acte frauduleux au préjudice des créanciers personnels de l'un ou de l'autre des époux (art. 1167).

Il ne nous reste plus qu'une dernière question à traiter, si l'on admet avec M. Demolombe que les contrats entre mari et femme soient permis sous certaines conditions, en faut-il conclure que des poursuites, des saisies, etc., soient possibles entre époux pendant le mariage, soit de la part du mari créancier de sa femme, soit de la part de la femme créancière de son mari ? L'affirmation est incontestable au cas de séparation de biens (art. 1444). Mais la question devient délicate, lorsque le mari a la jouissance et l'administration des biens de sa femme. Et d'abord, que la femme ne puisse alors intenter une demande ou pratiquer une saisie contre son mari, cela ne me paraît pas douteux, l'article

1428 lui enlève l'exercice de ses actions et elle ne pourrait le recouvrer que par un jugement de séparation de biens. Mais du moins le mari ne peut-il pas, lui, exercer même alors des poursuites sur les biens personnels de sa femme ? Si, dit-on, le mari créancier de sa femme est en même temps l'administrateur de ses biens, et comme administrateur, il peut demander l'autorisation de la justice, afin de vendre les biens de sa femme pour acquitter ses dettes.

III.

CAS OU LA JUSTICE NE PEUT AUTORISER.

Il est certains cas particuliers dans lesquels la loi n'a pas admis que l'autorisation du mari pût être remplacée par celle de la justice.

1° Ainsi l'article 1029 nous dit : « la femme mariée ne pourra accepter l'exécution testamentaire qu'avec le consentement de son mari. Si elle est séparée de biens, soit par contrat de mariage, soit par jugement, elle le pourra avec le consentement de son mari, ou, à son refus, autorisée par la justice, conformément à ce qui est prescrit pas les articles 217 et 219 au titre du Mariage. »

Donc, si elle n'est pas séparée de biens, il lui faudra nécessairement le consentement de son mari lui-même. Pourquoi cette différence ? C'est que l'exécuteur testamentaire n'est pas un mandataire comme un autre : il n'a pas été choisi par ceux-là même dont il fait l'affaire ; il ne peut pas être révoqué par eux, du moins sans des motifs légitimes, et par leur seule volonté. La loi a voulu, dès lors, que sa responsabilité fût sérieuse et efficace ; or, lorsque le mari a la jouissance des biens de sa femme, les engagements contractés par celle-ci sans son consentement, et même avec l'autorisation de la justice, ne peuvent pas la lui enlever, et ils ne sont exécutoires que sur la nue-propriété des biens de la femme. La loi a donc cru que cette garantie était insuffisante ; et elle a déclaré que la femme dans ce cas, au refus du mari, serait absolument incapable d'accepter l'exécution testamentaire.

Il ne paraît pas non plus que la justice puisse autoriser la femme à compromettre : aux termes de l'article 83-6°, Pr., les causes des femmes non autorisées par leurs maris sont sujettes à communication au ministère public ; or, d'après l'article 1004 du même Code, on ne peut compromettre sur aucune des contestations qui seraient sujettes à cette communication.

2° Article 1556 : « La femme peut, avec l'autorisation de son mari, donner ses biens dotaux pour l'établissement de leurs enfants communs. »

L'autorisation de justice ne peut remplacer ici l'autorisation du mari, car le mari devant avoir pour ses enfants la même affection que sa femme, on a cru convenable de le laisser juge. Mais la disposition de l'article 1556 est limitative.

S'il s'agissait, par exemple, de doter les enfants d'un premier lit, ou d'aliéner des paraphernaux, nous sortirions de l'exception pour rentrer dans la règle. L'autorisation de justice pourrait alors évidemment suppléer l'autorisation maritale.

3° Article 4 C. de c. : « la femme ne peut être marchande publique sans le consentement de son mari. »

Ainsi donc l'autorisation de justice ne peut remplacer celle du mari lorsqu'il s'agit d'autoriser la femme à faire le commerce. Cela a été contesté. Pour nous, c'est la solution la plus conforme aux textes ainsi qu'aux motifs qui les ont dictés.

En effet l'autorisation maritale est la règle (art. 217), et l'autorisation de justice, l'exception ; or, il résulte des articles 218, 219, 221, 222 et 224 C. N. et 861 Pr., que l'autorisation de justice ne peut suppléer celle du mari que lorsqu'il s'agit, pour la femme, d'ester en jugement, de passer un acte, de contracter ; donc, il n'en est pas ainsi, lorsque la femme veut faire le commerce. L'article 220, placé au milieu même des autres articles, qui s'occupent de l'autorisation de justice, a uniquement pour but de régler l'effet des engagements commerciaux de la femme, et aussi de déterminer dans quels cas elle pourra être considérée comme marchande publique ; mais il ne renferme pas un seul mot d'où l'on puisse induire que la justice pourra l'y autoriser. Et le Code Napoléon est, à cet égard, pleinement confirmé par le Code de commerce article 4 : « La femme ne peut être marchande publique sans le consentement de son mari. » Dira-t-on que le Code de commerce n'avait point à s'occuper de la manière dont la femme serait autorisée, et qu'il lui suffisait, en posant le principe de la nécessité de l'autorisation, de s'en référer, sur ce point, au Code Napoléon ?

On répondrait d'abord que le Code de commerce, au contraire, a voulu précisément, dans les articles 2 et suivants, déterminer lui-même les conditions de capacité nécessaires pour être commerçant ; et, en second lieu, qu'en acceptant même ce renvoi au Code Napoléon, on a vu que, d'après ce Code, l'autorisation du mari lui-même est en effet indispensable. Les deux Codes sont donc tout à fait d'accord sur ce point, et se prêtent ainsi un mutuel appui.

Ajoutons que l'intention des rédacteurs semble bien avoir été d'accorder au mari seulement le droit d'autoriser sa femme à faire le commerce, car, dans la discussion (fort peu précise, il est vrai), à laquelle donna lieu l'article 4 C. de c., on fut surtout préoccupé de cette idée, qu'il fallait que le mari lui-même connût le commerce fait par sa femme ; et il ne fut absolument rien dit de l'autorisation de justice. On peut raisonnablement d'ailleurs expliquer pourquoi, dans ce cas particulier, le juge ne saurait suppléer le consentement du mari : d'abord, si c'est chez le mari, et dans son habitation même, que la femme veut ouvrir une boutique, un magasin, etc., il est bien clair qu'on ne peut pas le forcer, contre son gré, à y consentir, la maison habitée par les époux fût-elle un propre de la femme. Le mari est le chef du ménage : c'est lui qui règle souverainement le genre de vie et les habitudes des époux et de la famille. En second lieu, et quand même la femme irait ailleurs ouvrir son comptoir, ou bien ne devrait avoir aucun établissement extérieur (cela n'est pas nécessaire en effet pour être commerçant, art. 1 C. de c.), il y a toujours pour le mari grand danger dans la qualité de commerçante, que prend sa femme ; car elle peut, dès lors, s'obliger personnellement, et même aliéner et hypothéquer ses immeubles (art. 5, 7 C. de c.). Comment voulez-vous que la justice donne ce pouvoir-là sous le régime de la communauté ? Personne ne soutiendrait que, dans ce cas, la communauté et le mari seraient engagés eux-mêmes par les engagements commerciaux de la femme ; or, la loi suppose partout (art. 220, 1426 C. N.; 5 C. de c.) que la femme commerçante engage la communauté ; donc, elle suppose, par cela même, qu'elle ne peut être commerçante qu'avec l'autorisation de son mari. Et pour le cas de séparation de biens, ou même de séparation de corps, le mari a toujours intérêt à la conservation de la fortune de sa femme ; il lui importe donc toujours qu'elle n'acquière pas, sans son consentement, cette périlleuse capacité de commerçante, qui affecte son patrimoine et sa personne, qui l'expose à la faillite ; capacité, d'ailleurs, si étendue que Demante à pu dire qu'elle soustrait, sous certains rapports, la femme à la puissance maritale.

Tels sont les motifs qui justifient les termes si absolus de la loi. Ils n'admettent point d'exception.

Peut être y a-t-il là une lacune regrettable. Il peut se faire que le mari soit incapable d'autoriser sa femme, et que le commerce soit pour celle-ci et pour ses enfants le seul moyen d'existence. Mais admettre des exceptions, ce ne serait plus interpréter la loi, ce serait la faire.

Les mêmes motifs me porteraient aussi à croire que la justice ne pourrait pas, en cas de refus du mari, autoriser la femme à publier des œuvres littéraires ou à faire représenter des œuvres dramatiques ; car ce qui est alors simplement en question, ce n'est pas un intérêt pécuniaire, c'est la direction morale de la famille, c'est, en un mot, la puissance maritale elle-même ; et chacun comprend les considérations de toutes sortes, pour lesquelles le mari peut très-légitimement s'opposer à cette publicité dont son nom serait atteint.

Au reste, dans le cas où la femme est mineure, je ne crois pas non plus que son mari, même majeur, puisse, seul du moins, lui donner l'autorisation de faire le commerce. L'article 2 C. de c. est ainsi conçu : « Tout mineur émancipé de l'un ou l'autre sexe, qui voudra profiter de la faculté que lui accorde l'article 487 C. N., de faire le commerce, ne pourra en commencer les opérations, ni être réputé majeur quant aux engagements par lui contractés pour faits de commerce : 1° s'il n'a été préalablement autorisé par son père, ou par sa mère, en cas de décès, absence ou interdiction du père, ou à défaut du père et de la mère, par une délibération du conseil de famille, homologuée par le tribunal civil; 2° si, en outre, l'acte d'autorisation n'a été enregistré et affiché au tribunal de commerce du lieu ou le mineur veut établir son domicile. » Or, cette disposition est générale; elle s'applique, à tout mineur émancipé de l'un ou de l'autre sexe, sans aucune distinction; donc, la femme mariée qui est mineure ne peut être autorisée à faire le commerce que suivant les conditions prescrites par cet article.

Objecterez-vous que l'article 4 du C. de c. s'occupe spécialement des femmes mariées, et qu'il en résulte, dès lors, que l'article 2 ne leur est point applicable? Direz-vous qu'il est, en effet, logique et convenable d'exiger, dans ce cas, l'autorisation du mari sous la puissance duquel la femme mineure se trouve désormais placée, et qui lui tient lieu de curateur, bien plutôt que l'autorisation du père ou de la mère de la femme; et qu'il faut, au contraire, se garder de provoquer entre le gendre et le beau-père ou la belle-mère des conflits déjà trop fréquents? Je réponds que l'article 4 ne déroge pas à l'article 2. De ce que la femme mariée ne peut être commerçante sans le consentement de son mari, il ne s'ensuit pas que ce consentement doive toujours lui suffire; et si cette femme est mineure, la généralité des termes de l'article 2 ne permet pas de l'affranchir des conditions qu'il exige également, en pareil cas, pour tout mineur de l'un ou de l'autre sexe. Et cela est fort sage; le mari ne peut pas seul autoriser sa femme mineure à vendre ou à hypothéquer ses immeubles ; il y aurait là trop de danger pour la femme, pour la famille ; et le mari pourrait ainsi, trop librement, dénaturer la fortune de sa femme et s'approprier ses capitaux ! Il ne faut donc pas, tant que la femme est encore mineure, laisser au mari ce dangereux pouvoir, ni directement ni indirectement ; or, il aurait ce pouvoir, s'il lui était permis d'autoriser seul sa femme à faire le commerce, puisque les femmes marchandes publiques peuvent engager, hypothéquer et aliéner leurs immeubles(art. 7 C. de c.) ; donc, il est tout à la fois logique et prudent d'appliquer l'artice 2 même à la femme mariée ; donc, il lui faut, lorsqu'elle est mineure, outre le consentement de son mari, l'autorisation de son père ou de sa mère, ou enfin celle du conseil de famille homologué par le tribunal civil.

CHAPITRE V.

DES EFFETS DE L'AUTORISATION.

I.

EFFETS DE L'AUTORISATION MARITALE.

1° à l'égard de la femme.

La femme mariée, lorsqu'elle a reçu l'autorisation de son mari, devient aussi capable que si elle n'était point engagée dans les liens du mariage. De là deux conséquences principales :

1° Elle n'est plus recevable à attaquer l'acte qu'elle a fait sous prétexte que cet acte serait contraire à ses intérêts ;

2° Mais, elle est recevable à faire valoir contre cet acte tous les moyens qui seraient en son pouvoir, si elle n'était pas mariée.

Telles sont les règles qui régissent les actes faits par la femme dans les limites de l'autorisation qui lui a été donnée. Pour ceux qui les dépasseraient, c'est comme s'il n'y avait pas eu d'autorisation.

2° *à l'égard du mari.*

L'autorisation par elle-même n'engendre pas d'obligation personnelle de la part du mari. Elle n'a pour but et ne doit avoir pour résultat que d'effacer l'incapacité de la femme, et de la rendre habile soit à ester en jugement, soit à s'obliger envers les tiers. Le mari donc, en tant qu'il se borne à l'autoriser, ne s'oblige pas lui-même, et ne devient pas partie dans le procès ou dans l'acte juridique quelconque, auquel sa femme peut figurer grâce à son autorisation. C'est là un principe de raison et aussi d'équité ; car, nul ne doit être obligé, de cette manière du moins, s'il n'a pas consenti à l'être. De là cette maxime générale *qui auctor est non se obligat.*

Mais il faut cependant reconnaître que l'autorisation peut dans quelques cas particuliers, produire certains effets à son égard.

La femme acquérant par l'autorisation le droit d'engager la pleine propriété de ses biens, il pourra se trouver ainsi privé d'une jouissance à laquelle il avait droit.

Il est même des cas où le mari se trouvera engagé personnellement par les dettes de la femme, contractées avec son consentement, les articles 1419 et 220 le disent formellement.

1°. Article 1419 : « Les créanciers peuvent poursuivre le paiement des dettes que la femme a contractées avec le consentement du mari, tant sur tous les biens de la communauté que sur ceux du mari ou de la femme ; sauf la récompense due à la communauté, ou l'indemnité due au mari. »

Le législateur a craint que le mari n'usât de son influence sur la femme pour lui faire contracter des engagements personnels dans son propre intérêt ou dans celui de la communauté.

Dans deux cas toutefois la loi a fait exception à la règle, parce qu'il n'y avait plus à redouter la fraude du mari.

C'est d'abord le cas de l'article 1413, lorsqu'il s'agit de l'acceptation d'une succession purement immobilière échue à la femme. Le mari n'est point alors tenu personnellement des dettes de la succession. Toutefois l'autorisation donnée par lui à l'acceptation entraînera pour les créanciers le droit de poursuivre leur paiement, non plus seulement, comme au cas où c'est la justice qui a autorisé, sur la nue-propriété des biens personnels de la femme, mais sur la pleine propriété.

Le deuxième cas est celui où le mari autorise sa femme à vendre un immeuble. Il ne sera tenu qu'autant qu'il aurait garanti la vente ; autrement, il perdra seulement la jouissance du bien aliéné. (art. 1432).

Quelques auteurs ont voulu étendre les exceptions contenues dans ces deux articles et en tirer une règle générale. Ils ont dit que le mari n'est point personnellement obligé toutes les fois qu'il est évident que l'acte a été fait uniquement dans l'intérêt de la femme. Mais cette opinion ne me paraît pas admissible en présence du principe posé si fermement par la loi, que le mari commun en biens, lorsqu'il autorise sa femme à contracter, s'oblige par cela même avec elle. Seulement, s'il est démontré que l'acte a été fait uniquement dans l'intérêt de la femme, le mari aura un recours sur les biens de celle-ci. Tel est le sens des derniers mots de l'article 1419.

2° Article 220 : « La femme, si elle est marchande publique, peut, sans l'autorisation de son mari, s'obliger pour ce qui concerne son négoce ; et, audit cas, elle oblige aussi son mari, s'il y a communauté entre eux ».

Tous les bénéfices du commerce de la femme tombent dans la communauté, il est donc juste que cette masse, qui s'augmente de l'actif, soit en même temps tenue du passif.

On a remarqué que les auteurs du Code paraissent n'avoir considéré les effets de l'autorisation que relativement aux époux mariés sous le régime de la communauté. Du moins est-il certain que ce n'est que pour ce régime qu'ils on formulé des dispositions positives. Leur silence, en ce qui concerne les autres régimes, ne renferme-t-il pas ainsi lui-même une solution en sens contraire? Cela n'est pas douteux pour la séparation de biens ; le mari ne profitant pas des avantages, n'est pas tenu des charges ni des dépens résultant des actes ou des procès que la femme a pu passer ou soutenir avec son autorisation. Mais on ne peut nier que ce silence ne soit regrettable à l'égard du régime dotal et du régime exclusif de communauté.

Voici, par exemple, une question qui s'agite, question certes très-difficile. Les époux sont mariés, soit sous le régime dotal, soit sous le régime exclusif de communauté; et le mari a autorisé sa femme à faire le commerce, à exercer une industrie, un talent quelconque. Les obligations contractées par la femme, en vertu de cette autorisation, obligeront-elles aussi le mari, comme sous le régime de communauté ?

Sous le régime dotal, si la femme ne s'est pas constitué en dot tous ses biens présents et à venir et si c'est avec ses biens paraphernaux qu'elle exerce un commerce ou une industrie, il ne paraît pas contestable que le mari doit être tout à fait étranger aux bénéfices comme aux pertes; quant à ses biens paraphernaux la femme est véritablement séparée de biens.

Supposons donc une constitution générale de tous les biens présents et à venir (art. 1542). Le mari alors, qui a autorisé sa femme à exercer un commerce, une industrie, un talent quelconque, sera-t-il tenu des engagements contractés par elle, tenu, dis-je, soit quant au capital même, soit du moins quant aux intérêts ? Cela revient à savoir si les bénéfices lui appartiennent, soit irrévocablement comme fruits, soit comme capital dotal sujet à restitution ; ou si au contraire la femme n'en doit pas tout à la fois conserver la propriété et la jouissance.

Pour prétendre que c'est au mari qu'ils appartiennent, on pourrait raisonner ainsi : 1° la constitution en dot comprend, on le suppose, tous les biens de la femme ; or, son industrie est un bien; donc elle est aussi constituée ; 2° que l'industrie soit un bien, c'est ce qui résulte, soit de sa nature même et des principes généraux, soit des textes formels de a loi. Qu'est-ce en effet qu'un bien ? C'est ce qui peut être utile à l'homme *bona ex eo dicùntur, quod beant.... beare est prodesse* ; or, l'industrie de la personne est assurément très-utile dans le sens technique et juridique de ce mot, c'est-à-dire susceptible de procurer des avantages positifs et des produits appréciables. Aussi voyez les textes ! L'art. 1498 qui fait tomber dans la communauté d'acquêts les bénéfices provenant de l'industrie des époux ; l'article 1779, qui permet de faire de l'industrie l'objet d'un louage ; l'art. 1833, qui porte qu'elle peut être l'objet d'une mise, d'un apport dans une société ordinaire. Est-ce que, évidemment, tous ces textes ne regardent pas l'industrie comme un bien ? 3° Cela posé, et si l'industrie elle-même de la femme a été constituée en dot, la seconde question, la question subsidiaire est par cela même résolue : les produits, les bénéfices appartiennent irrévocablement au mari, sans aucune charge de restitution ; car le fonds, le capital, c'est l'industrie, c'est la faculté de produire ; les bénéfices ne sont que l'accessoire, que le résultat ; et ils appartiennent en conséquence au mari. Les deux époux les partageront ensemble sous le régime de la communauté ; le mari seul les gardera sous le régime dotal (art. 1549). D'où le conséquence qu'il sera seutenu définitivement envers les créanciers de la totalité des engagements contractés par la femme. Et il faut bien vraiment qu'il en soit ainsi ; car enfin la femme ne peut pas aliéner ses biens dotaux, même avec le consentement de son mari ; or, si le mari lui-même n'était pas obligé envers les créanciers, il en résulterait que ceux-ci n'auraient aucun moyen de se faire payer. Et voilà pourquoi sans doute la loi n'a considéré l'effet de l'autorisation que relativement aux époux en communauté ; c'est que, sous le régime dotal,. la femme est incapable de toutes obligations autres que celles qui peuvent résulter des jugements rendus contre elle à raison de ses délits ou quasi délits, de ses biens ou de ses droits.

Je ne saurais pourtant accepter cette doctrine.

Et d'abord, on semble nous dire que, dans notre système, la question peut même pas naître. Avec quoi voulez-vous que la femme fasse le commerce, et quel est celui qui traiterait avec elle, puisque, d'une part, le mari ne serait pas engagé, et que, d'autre part, tous les biens de la femme sont dotaux et inaliénables? Que la question doive être, en pareil cas, beaucoup plus rare, je le concède ; mais je nie qu'elle soit impossible. Supposez qu'un tiers reconnaissant l'aptitude toute spéciale de la femme, et confiant dans sa probité, lui ait prêté des fonds pour faire le commerce ; supposez qu'elle ait commencé d'abord elle-même sans capitaux, et, qu'avec ses gains et son crédit, elle soit parvenue à fonder un établis sement commercial ; ce sont là des hypothèses assurément très-possibles. Eh bien, je dis alors que le mari n'a aucun droit à exercer, aucune obligation à remplir.

1° La théorie, que j'essaye de combattre, me paraît d'abord contraire aux textes même de la loi. Dans quels cas le mari qui a autorisé sa femme à faire un commerce séparé, est-il obligé lui-même ? La réponse du texte est très-nette. « s'il y a communauté entre eux » (art. 220) ; donc, il n'est pas obligé, s'il n'y a pas entre eux communauté. Car, remarquez que la loi ne dit pas : s'il y a séparation de biens. Elle veut plus; elle veut qu'il y ait communauté. Aussi, voyez les articles 67 et 69 C. de c. : « L'époux séparé de biens, ou marié sous le régime dotal, qui embrasserait la profession de commerçant postérieurement à son mariage, sera tenu..... etc. » On ne fait donc pas, à cet égard, de différence entre la séparation de biens et le régime dotal, dès que les époux ne sont pas en communauté.

2° Et les textes sont, en effet très-conformes aux principes. L'industrie est un bien, dites-vous ! Voilà ce qui me paraît inexact. L'industrie! Mais c'est la personne elle-même; c'est sa force, son intelligence ! Oui, je le répète, c'est sa personne elle-même! Comment concevoir ces qualités essentiellement personnelles, comment les concevoir distinctes et en dehors de la personne ? Cette femme est auteur ; cette femme est peintre..... Où voyez-vous là un bien, à moins d'appeler ainsi son imagination, son intelligence. Et cela est vrai de toutes les facultés de la personne, depuis les plus nobles et les plus rares jusqu'aux plus humbles et aux plus vulgaires ; ce sont là des aptitudes, des qualités innées ou acquises par le travail. Mais des biens, dans le sens juridique de ce mot, des biens qui soient dans notre patrimoine susceptibles des qualifications de meuble ou d'immeuble, susceptibles d'être aliénés ou constitués en dot, non, cela ne peut pas être. L'industrie, sans doute est un moyen de fortune ; elle est une source de biens ; mais elle n'est pas un bien elle-même.

Aussi les textes du Code Napoléon ne l'ont-ils pas dit. On cite l'article 1833. Écoutez-donc cet article même : « ..... Chaque associé doit y apporter (dans la société) ou de l'argent, ou d'autres biens ou son industrie ; » donc, l'industrie elle-même n'est pas considérée comme un bien ; la preuve est textuelle. On dit : mais les produits de l'industrie, de l'intelligence des époux entrent même dans la simple communauté d'acquêts (art. 1498, 1527). Oui, mais prenez garde que ce n'est pas l'industrie elle-même qui y entre. Eh, mais si elle y entrait, elle appartiendrait, après la dissolution de la communauté, par moitié aux héritiers de l'autre conjoint prédécédé. Or, c'est là ce que personne ne voudrait soutenir. Que résulte-t-il donc seulement des articles précités ? C'est que le régime de communauté est une convention, dans laquelle les deux époux, de part et d'autre, mettent tout en commun, non pas certes leur industrie, mais toute leur collaboration et tous leurs efforts pour la prospérité de la société conjugale. Chacun alors est également réputé travailler en commun, travailler pour soi en même temps que pour son conjoint. Bien différent est le régime dotal. Alors même que la constitution comprend tous les biens présents et à venir de la femme, elle ne comprend pas son industrie ; elle ne peut pas, elle ne doit pas la comprendre, parce que cela serait contraire aux principes, contraire presque toujours à l'équité et par suite à la commune intention des parties (art. 1135), contraire enfin à toutes les traditions de notre droit. Je viens de dire pourquoi les principes s'y opposent : c'est que l'industrie n'est pas un bien susceptible d'aliénation ; or, la constitution en dot est une espèce d'aliénation; c'est une concession d'usufruit pour toute la durée du mariage, c'est-à-dire le plus ordinairement pour toute la vie de la femme; or, nul, pas plus la femme dans le mariage que tout autre, dans quelque convention que ce soit, ne peut aliéner à toujours son industrie, c'est-à-dire, mettre à toujours ses facultés, sa personne même, au service d'un autre (art. 1780). On peut bien, il est vrai, s'engager, pour un temps, à faire dans l'intérêt d'un autre un certain travail, à lui rendre un certain service ; voilà en quel sens on dit improprement que l'industrie elle-même peut être l'objet d'un contrat de louage. Mais c'est seulement alors une obligation de faire, que l'on contracte ; et encore une fois, une telle obligation ne peut être contractée que pour un temps. N'y aurait-il pas en outre une véritable iniquité dans cette condition qui serait faite alors à la femme ? Comment ! elle serait, par exemple, marchande publique, dévouant son temps et ses facultés au commerce, exposée à toutes les suites périlleuses de cette profession, à la faillite, à la banqueroute ! et tout cela pour rien ! sans aucun intérêt, sous aucune compensation pour elle-même ! Elle gagnerait comme auteur, 50 ou 100,000 fr. par an (nous en avons des exemples) ; et elle n'en conserverait pas une obole ! Mais, en vérité, le droit romain ne traitait pas autrement les esclaves ! Dites donc alors que la femme, sous le régime dotal, ne peut pas faire un commerce séparé ; dites qu'elle ne peut être que le commis de son mari; cela sera du moins plus net. Mais permettre à la femme de faire un commerce séparé et puis conclure qu'elle n'y a aucune espèce d'intérêt, ni perte, ni profit, c'est presque de l'ironie ! Tel ne paraît pas avoir été l'esprit du Code.

Voyez l'art. 387 : La jouissance légale des père et mère ne s'étendra pas aux biens que les enfants pourront acquérir par un travail et une industrie séparés... » disposition, sans doute, qui a pour but de récompenser, d'encourager le travail et la bonne conduite, mais dans laquelle il est permis de voir aussi une application du principe de la personalité de l'industrie.

Écoutez enfin nos vieux auteurs, le président Boyer d'abord : « *Si mulier esset chirurgica aut obstetrix, sive ballia vel lanifica, tunc id quod adquisivit ex istis operibus, sibi et non viro dicitur adquisivisse ; quia, ut inquit Baldus, mulier ad præceptum viri negotiari non tenetur..... nisi in obsequialibus et reverentialibus* (1). »

Et Vedel n'est pas moins explicite : « Si la femme qui cohabite avec son mari ne peut tirer avantage de la diligence et de l'industrie qu'elle fait paraître par son économie et son travail journalier dans les affaires domestiques, cela tombe sur l'industrie de la femme dans l'économie de la ménagerie ou dans le métier que son mari exerce, et nullement sur toute autre industrie propre à la femme qu'il dépend d'elle de mettre en œuvre..... (2). »

C'est qu'en effet il faut distinguer, je dirais presque deux sortes d'industrie de la femme :

L'une, qui est celle de la femme de ménage, de la bonne mère de famille, industrie domestique, d'intérieur..... *de la ménagerie*, comme dit Vedel ; celle-là profite, sous tous les régimes, au mari, à la famille ; c'est l'effet de la cohabitation ; c'est l'assistance promise par l'art. 212.

L'autre, qui forme une aptitude spéciale, une profession, un état, une industrie enfin, qu'il dépend de la femme d'exercer ou de ne pas exercer. Eh bien ! c'est de celle-ci que je prétends qu'il ne revient rien au mari sous le régime dotal ; rien, à titre de fruits ; car cette industrie n'est pas un bien ; et dès lors ses produits ne sauraient être considérés juridiquement comme des fruits ; rien, à titre de capital dotal dont il aurait la jouissance ; car l'industrie elle-même n'ayant pas été constituée, ses produits doivent

(1) Boyer, D. 81.
(2) Vedel, obs. sur Catellan, t. II, p. 12.

demeurer par cela même aussi en dehors de la dot ; car on ne pourrait les déclarer dotaux qu'en les déclarant inaliénables (suivant la jurisprudence du moins qui étend la règle de l'inaliénabilité aux meubles dotaux), or, ce serait là une violation des principes du régime dotal ; car je ne crois pas que la constitution même la plus générale des biens présents et à venir, puisse comprendre les capitaux ou acquisitions résultant des économies ou des bénéfices faits dans un commerce, soit par les deux époux, dans le cas d'une société d'acquêts stipulée en même temps que le régime dotal, soit par la femme après sa séparation de biens.

Si donc le mari n'a aucun droit aux bénéfices ni pour le capital, ni pour les intérêts, notre conclusion doit être qu'il n'est pas davantage tenu des dettes ni pour le capital ni pour les intérêts.

Sous le régime exclusif de communauté, grande controverse encore Il est clair que ceux qui attribuent au mari, dans le régime dotal, tous les bénéfices et toutes les charges du commerce entrepris par la femme, doivent à plus forte raison, les lui attribuer sous le régime exclusif de communauté. Certains auteurs refusent au mari la jouissance même des sommes provenant de l'industrie de la femme, et ne veulent point qu'il soit tenu de la moindre dette. D'autres enfin disent que le mari doit avoir les intérêts des sommes provenant de l'industrie de la femme, puisque, par suite de l'autorisation qui a permis à la femme d'engager la pleine propriété des biens, il peut se trouver atteint dans la jouissance qui lui appartient.

II

EFFETS DE L'AUTORISATION DE JUSTICE

1° *A l'égard de la femme.*

Les effets de l'autorisation de justice sont les mêmes que ceux de l'autorisation maritale. La femme devient pour les actes autorisés aussi capable que si elle n'était pas mariée.

2° *A l'égard du mari.*

La règle générale est que l'autorisation de justice ne peut préjudicier au mari. Non-seulement donc les actes passés par la femme, ou les condamnations prononcées contre elle, ne confèrent, en ce cas, aux tiers aucun droit de poursuite sur des biens de la communauté ni sur ceux du mari; mais la jouissance même des biens personnels de la femme doit être respectée dans ses mains ; et les tiers n'ont d'action que sur la nue-propriété. Cette règle me paraît applicable dans tous les cas où la femme n'a agi qu'avec l'autorisation du juge, sans distinguer si cette autorisation lui a été accordée sur le refus ou à raison d'une incapacité du mari, car l'article 1426, qui a pour but de poser le principe s'exprime dans les termes les plus absolus : « Les actes faits par la femme sans le consentement du mari, et même avec l'autorisation de la justice, n'engagent point les biens de la communauté..... »

Nous trouvons toutefois dans le Code quatre exceptions au principe de non responsabilité du mari dans le cas où la femme s'est obligée avec l'autorisation de justice.

Les deux premières sont énoncées dans l'article 1427.

1o La femme peut, avec l'autorisation de justice engager les biens de la communauté pour tirer son mari de prison. Le mari en se laissant contraindre par corps, a pu être entraîné par un sentiment d'intérêt ou d'obstination mal entendu. La loi a cru devoir donner à la femme le moyen de vaincre sa résistance.

2o En cas d'absence du mari, la femme peut également avec l'autorisation de justice, engager les biens de la communauté pour doter les enfants communs. Elle est réputée alors faire de ses biens l'usage que le père en aurait sans doute fait lui-même.

3• Vient ensuite les cas de l'art. 1416. Il s'agit d'une succession partie mobilière, partie immobilière échue à la femme. Cette acceptation faite, sur le refus du mari, avec l'autorisation de justice, ne donne action aux tiers que sur les biens personnels de la femme. Mais il faut pour cela que le mari ait pris soin de faire faire inventaire des biens de la succession. En cas de non accomplissement de cette formalité, les créances seront poursuivies non-seulement sur la pleine propriété des biens de la femme, mais encore sur ceux de la communauté et par suite sur ceux du mari.

4° Une dernière exception se trouve contenue dans 1450. Ici c'est une femme séparée de biens qui, au refus du mari, a aliéné un de ses immeubles avec l'autorisation de justice. Le mari, qui d'abord avait refusé son autorisation, vient ensuite assister au contrat. La loi a vu dans sa présence une présomption de son intérêt à l'acte et elle le déclare responsable de l'emploi ou du remploi de ce prix, mais non toutefois de l'utilité de ce remploi.

CHAPITRE VI

DU DÉFAUT D'AUTORISATION ET DE SES EFFETS

Nous voici arrivés à la sanction des règles que nous avons étudiées ; si la femme a fait sans autorisation quelque acte pour lequel l'autorisation était requise, l'acte qu'elle a fait est entaché de nullité ; notre Code, toutefois, n'est pas aussi sévère sur ce point que l'ancien droit. La nullité, aujourd'hui, n'est pas comme autrefois radicale, mais seulement relative. Elle doit être demandée et ne peut l'être que par certaines personnes, pendant un certain laps de temps et sauf confirmation expresse ou tacite ; c'est à ces conditions que fait allusion l'article 1125, lorsqu'il dit : « Le mineur, l'interdit et la femme mariée ne peuvent attaquer pour cause d'incapacité leurs engagements que dans les cas prévus par la loi. »

Mais lorsque l'action sera intentée par ceux à qui elle compète et dans les délais voulus, sans qu'aucune confirmation soit intervenue, la preuve du défaut d'autorisation produira par elle-même, et par elle seule, la nullité de l'acte. Peu importera que la femme ait été ou non lésée ; le vice de l'acte résulte ici de l'incapacité, non de la lésion.

I.

ACTES EXTRAJUDICIAIRES

Par qui la nullité peut-elle être demandée ? L'article 225 répond à cette question : « La nullité fondée sur le défaut d'autorisation ne peut être opposée que par la femme, par le mari, ou par leurs héritiers. »

Pourquoi par la femme ? Parce que les intérêts matrimoniaux que la loi veut protéger sont aussi les siens, parce-que la sanction la plus efficace d'une incapacité consiste précisément dans le droit de l'incapable de s'en prévaloir lui-même contre les tiers.

Pourquoi par le mari ? Avant tout, dans l'intérêt de son autorité maritale et indépendamment de tout intérêt pécuniaire ; puis dans l'intérêt collectif du mariage, pour que la femme, fût-elle même séparée de biens, ne puisse pas compromettre son patrimoine.

Pourquoi enfin par leurs héritiers ? Rien de plus simple à l'égard des héritiers de la femme ; c'est là une action comme une autre, qu'ils trouvent dans la succession de leur auteur (art. 724.)

Mais les héritiers du mari, comment donc et à quel titre peuvent-ils avoir cette action ? Dans l'intérêt de l'autorité maritale ? Il n'y en a plus et apparemment ils n'y peuvent pas succéder. Dans l'intérêt collectif du mariage ? Il n'y a plus de mariage, plus d'intérêts matrimoniaux. Point d'intérêt, point d'action. Pourtant le texte est formel, mais il est fort difficile d'en trouver une application. Il est évident que les héritiers du mari, comme le mari lui-même survivant, ne pourraient proposer la nullité qu'autant qu'ils y auraient un intérêt pécuniaire, en tant qu'héritiers du mari. Or, comment imaginer cette hypothèse ? On a cité le cas où la femme aurait renoncé, sans autorisation, à une succession mobilière qui devait tomber dans la communauté. L'hypothèse est juste, mais trop rare pour que les rédacteurs du Code aient pu l'avoir en vue en faisant l'article 225. Ce qu'il y a de plus probable, c'est que le mot « leurs héritiers » aura été jeté là par inadvertance, sans qu'on en ait bien calculé la portée. Quoi qu'il en soit, il faut prendre l'article dans les termes où il est conçu. Toutes les fois donc que les héritiers du mari prouveront qu'ils ont un intérêt véritable à demander la nullité d'un acte fait sans autorisation par la femme de leur auteur, ils devront être admis à faire valoir cette nullité, mais autrement non.

L'article 225 ne parle pas des créanciers. Devons-nous les admettre à invoquer, en vertu de l'article 1166 qui les autorise à exercer les droits qui appartiennent à leur débiteur, l'action en nullité qui compète soit à la femme, soit au mari ?

Certains auteurs les repoussent en faisant de l'action réglée par l'article 225 un de ces droits exclusivement attachés à la personne dont l'article 1166 a refusé l'exercice aux créanciers. J'admets bien cela pour l'action que les créanciers du mari voudraient intenter de son chef. Le droit qu'il a d'attaquer les actes de sa femme ne se fonde, comme nous l'avons vu, que sur un intérêt moral; mais l'action en nullité qui appartient à la femme elle-même a une autre raison, un autre caractère ; un intérêt pécuniaire y est engagé. Qu'on ne vienne pas dire que les créanciers pourront, en demandant la nullité, aller contre la volonté de la femme elle-même, qui, peut-être, se regarde comme obligée par conscience à respecter son engagement. L'intérêt des créanciers doit dominer ces scrupules plus ou moins fondés. Telle a été la pensée du législateur en matière de prescription (art. 2225.)

La même faculté n'appartient pas au tiers qui a cautionné l'obligation de la femme. Dans l'ancien droit, il est vrai, la caution pouvait invoquer la nullité ; mais c'est qu'alors l'engagement de la femme était frappé d'une nullité absolue. Aujourd'hui il n'est plus qu'annulable ; il peut donc, d'après l'article 2012, être cautionné, et le plus souvent la caution n'aura été demandée qu'en vue de la nullité dont se trouvait entachée l'obligation principale.

Telles sont les règles destinées à sauvegarder la femme mariée et les intérêts matrimoniaux dans le cas où, en dehors de la capacité qui lui est réservée, elle aurait fait des actes sans l'autorisation de son mari ou de justice.

Quelle est la situation des tiers qui ont contracté avec une femme mariée non autorisée ? Les articles 225 et 1125 leur refusent clairement le droit de se prévaloir de la nullité résultant du défaut d'autorisation, soit parce que, en contractant avec la femme, ils se sont volontairement exposés à cette fin de non recevoir, soit, dans tous les cas, parce que cette incapacité leur est étrangère et ne les concerne pas. Il suit de là que, tenus aussi fortement que s'ils avaient contracté avec une personne capable, ils ne pourront réclamer l'exécution de l'engagement que si la femme trouve intérêt à valider son obligation.

Cette inégalité de position se trouve encore lorsque l'obligation vient à être annulée sur la demande de la femme. Celle-ci reprend tout ce qu'elle a donné ; le contrat est pour elle réputé non avenu ; le tiers ne reprend que ce dont la femme a profité. S'il s'agit d'une vente et que la femme en ait follement dissipé le prix, elle n'aura rien à restituer.

Est-ce à dire que les tiers n'auront aucun moyen de sauvegarder leurs intérêts ? Est-ce à dire qu'ils seront toujours forcés d'exécuter, sans pouvoir exiger de la femme aucune garantie ? Une femme m'a vendu un de ses immeubles, sans autorisation, et elle me demande le paiement du prix. Je ne parle pas du cas où la réception de ce prix pourrait constituer de sa part une ratification du contrat, parce qu'elle aurait lieu après la dissolution du mariage, ou même pendant le mariage, avec le concours du mari. Le mariage dure encore ; et c'est la femme seule, séparée de biens, par exemple, qui réclame de moi le prix de la vente. Puis-je lui répondre que je ne paierai qu'autant qu'elle se fera autoriser à recevoir ou qu'elle me donnera caution ? Oui, le débiteur ne peut, en général, être forcé de payer qu'au créancier capable de recevoir (art. 1241), donc, je suis fondé à demander que la femme me garantisse contre les chances d'un mauvais paiement. Pour le sort même du contrat, je suis à la merci de la femme, cela est vrai, la loi le déclare. Mais je ne vois pas qu'elle me défende de prendre mes sûretés pour tout ce qui n'est pas encore irrévocablement accompli.

M. Demolombe va jusqu'à laisser au tiers le droit d'appeler en cause le mari et la femme, afin qu'ils aient à prendre parti dans un certain délai sur la validité de l'obligation. Mais cette opinion est vivement combattue.

Il n'y a pas, en général, à distinguer pour l'application de toutes ces règles, si le tiers était ou non de bonne foi. Il pourra toutefois se présenter des cas où la femme aurait usé de manœuvres frauduleuses pour faire croire à sa capacité en présentant, par exemple, un faux acte de décès de son mari. Dans ce cas, la femme sera valablement engagée, non pas en vertu du contrat qu'elle a formé, mais, parce qu'en usant de manœuvres frauduleuses, elle a commis un délit ou tout au moins un quasi délit.

Qu'arrivera-t-il si la femme a trompé les tiers sur son état, en se présentant comme fille ou veuve? En règle générale, chacun doit s'assurer de la capacité de la personne avec laquelle il contracte ou plaide. Disons donc que la simple déclaration faite par la femme qu'elle n'est pas mariée, ne saurait suffire pour couvrir la nullité de ses actes. Il faut ici appliquer la règle posée par l'article 1307 dans une hypothèse analogue ; sans cela l'incapacité deviendrait illusoire.

La femme passait pour fille ou veuve ? Cette erreur régnait dans tout le pays, c'était l'erreur commune ? cette hypothèse est plus délicate. Il ne faut voir là qu'une question de fait. On devra sans doute se montrer sévère ; car il ne faut pas que les incapables eux-mêmes puissent trop facilement, en cachant leur état, se soustraire à leur incapacité ; mais il n'est pas néanmoins impossible que, même dans ces circonstances, l'erreur commune soit telle, si unanime, si accréditée, que les tiers soient fondés à l'invoquer. C'est le principe de la célèbre loi *Barbarius Philippus*.

Il est des cas où certains auteurs donnent aux tiers eux-mêmes qui ont été parties dans l'acte de la femme, le droit d'en proposer la nullité. Tel est le cas d'une donation faite à une femme mariée et acceptée par elle sans autorisation. Suivant la Cour de cassation, l'action en nullité, dans ce cas, compèterait aussi bien au donateur lui-même qu'à la femme donataire ou à son mari. La donation, dit-on, est un contrat solennel soumis à certaines formes à peine de nullité. Une des formes principales est, sans contredit, celle de l'acceptation. Or, d'après l'article 934 l'acceptation doit être faite par la femme avec le consentement du mari. Donc si ce consentement a manqué, la donation manquant de l'une des formalités substantielles exigées par la loi est nulle et ne saurait être susceptible de ratification.

Cette opinion repose, ce me semble, sur une confusion de principes. Il ne faut pas mêler les questions de forme avec les questions de capacité. Nous supposons ici que les formes ont été valablement observées ; l'acceptation a été faite expressément et notifiée au donateur ; le seul vice consiste dans l'incapacité de la femme, qui a accepté sans le consentement du mari ; mais, dit-on, ce consentement est exigé par l'article 934, et cet article se trouve placé précisément sous la rubrique *de la forme des donations entre-vifs* : donc, c'est bien une question de forme. Erreur ! la section première du chapitre IV des donations n'a pas seulement trait à des questions de formes. C'est là, en effet, que se trouvent réglés les biens qui peuvent être donnés, et les conditions qui peuvent être imposées aux donations ; c'est là enfin que le donateur s'occupe du droit de retour. Or, qui oserait prétendre que ce sont là des questions de formes ? Puisqu'il s'agit ici d'une question de capacité, c'est aux articles 225 et 1125 qu'il faut se reporter. L'application en est d'autant plus logique, que l'article lui-même qu'on invoque, l'article 934, renvoie aux articles 217 et 219 qui se lient nécessairement à l'article 225.

II

ACTES JUDICIAIRES.

Le caractère de l'action en nullité est le même, qu'il s'agisse d'attaquer un acte judiciaire ou un acte extrajudiciaire ;

l'article 225 ne distingue pas. La nullité, dans tous les cas, reste donc relative. L'article 1125 ne parle, il est vrai, que des contrats; mais c'est parce qu'il est placé au titre des obligations conventionnelles. En matière judiciaire, les raisons sont identiquement les mêmes.

Toutefois ici la nature même des actes faits ou à faire peut apporter des modifications dans les applications du principe.

Ainsi d'abord, supposons qu'une femme mariée assigne un tiers sans autorisation. L'assignation, dans ce cas, n'est pas nécessairement nulle ; elle pourra produire son effet, si l'autorisation vient à être accordée avant le jugement ou l'arrêt. Mais le tiers n'est point forcé de rester dans l'incertitude. Trois partis pour lui sont à choisir :

1° Il peut appeler le mari en cause, en le sommant d'avoir à donner ou à refuser son autorisation ;

2° Il peut tirer du défaut d'autorisation une fin de non recevoir contre l'action de la femme.

3° Enfin, il peut accepter le débat ; mais alors il renonce par là même à demander la nullité pour défaut d'autorisation.

Il paraîtrait réciproquement logique et très-juste que les assignations données par les tiers à la femme seule, ne fussent pas nécessairement déclarées nulles, si le mari était ensuite mis en cause afin d'autoriser sa femme à rester en jugement. Néanmoins une jurisprudence constante déclare nulles les assignations données à la femme, si le mari n'a pas été assigné avant l'expiration du délai utile pour agir contre la femme elle-même.

Enfin, plaçons-nous dans l'hypothèse où un jugement aurait été rendu, soit en faveur d'une femme non autorisée, soit contre elle. Nul doute que les tiers ne pourraient l'attaquer par voie d'action en nullité. Si c'était contre la femme que la décision avait été rendue, elle aurait, outre les voies ordinaires de recours, la voie extraordinaire de la requête civile. Quant au mari, la tierce opposition lui est ouverte. La décision rendue contre sa femme non autorisée porte atteinte à son droit de puissance maritale, quand même elle ne blesserait pas ses intérêts pécuniaires.

III

EXTINCTION DE L'ACTION EN NULLITÉ.

L'action en nullité peut se trouver effacée de diverses manières. C'est d'abord :

1° par l'expiration du délai fixé pour intenter l'action en nullité. Ce délai est de dix ans d'après l'article 1304. Il court contre le mari du jour où il a eu connaissance de l'acte, contre la femme du jour de la dissolution du mariage.

2° Par confirmation tacite. La confirmation tacite résulte de l'exécution volontaire de l'acte annulable. (art. 1338, § 2).

3° Par confirmation expresse. La confirmation expresse est celle qui résulte d'un acte dont l'article 1338 a réglé soigneusement les caractères.

LÉGISLATIONS CONTEMPORAINES

Notre thèse ne saurait comporter une étude complète de ce sujet, aussi nous ne ferons que citer les différences les plus importantes qui existent entre les principales législations étrangères et la nôtre.

I

ANGLETERRE.

La puissance maritale se résume presque dans la personnification de la femme par le mari. L'homme et la femme, disent les jurisconsultes deviennent par le mariage une seule personne aux yeux de la loi, et cette personne c'est le mari ; d'où un mari ne peut rien donner à sa femme, ni passer aucun contrat avec elle, comme ne pouvant se donner ni se consentir une obligation à lui-même.

Le mari seul peut agir, il est saisi, par l'effet du mariage, de tous les biens de la femme et peut disposer des meubles à son gré ainsi que des revenus territoriaux. Il est tenu de conserver les immeubles et de les rendre à la dissolution du mariage ; il ne peut ni les aliéner ni concéder sur eux aucuns droits perpétuels ; les droits qu'il concèdera s'éteindront avec le mariage.

La femme ne peut jamais agir, tout acte juridique, important ou peu important lui est interdit ; la loi considère qu'elle n'a pas de volonté et l'enchaîne à celle de son mari.

Le testament fait par la femme avant son mariage se trouve révoqué, et pendant la durée de mariage elle ne pourra en faire un nouveau même en faveur de son mari. La mère n'est pas consultée pour le mariage de ses enfants, pendant la vie du père.

La loi semblait dire que le mari était obligé de donner à sa femme tout son nécessaire, et de payer toutes ses dettes contractées dans ce but, mais la jurisprudence est venue rendre le mari maître de l'opportunité de ces dépenses, en permettant de ne pas payer les marchands qu'il aurait avertis d'avance de ne rien donner à crédit à sa femme.

Ce ne sont pas là les seules inégalités entre l'homme et la femme consacrées par la loi anglaise. Un mari tue-t-il sa femme, la punition est la même que s'il avait tué un étranger; mais si la femme tue son mari, c'est un meurtre de trahison ; elle n'est pas moins punie que pour le meurtre du roi.

II

Russie

La femme russe doit obéissance à son mari, amour, déférence et soumission (1). Elle doit le préférer à son père et à sa mère, c'est la loi des peuples civilisés, la loi de la Genèse : « c'est pourquoi la femme abandonnera son père et sa mère pour suivre son mari..... »

Elle doit habiter avec lui, et c'est le devoir qui est poussé le plus loin ; elle devra suivre son époux condamné à la déportation. C'est une loi dans l'intérêt de l'État cherchant à coloniser, et ayant besoin de la femme dans la société qu'il établit.

Mais en revanche, quels droits accordés à la femme ? Chacun des époux est libre, quant à ses biens personnels, d'en disposer à titre de vente, hypothèque, ou toute autre manière, directement et en son nom, sans le concours, le consentement ou la procuration de l'autre époux (1). L'article 85 du Code civil russe, dit même expressément que le mari ne peut disposer qu'avec procuration des biens de sa femme et l'article 86 permet aux époux, entre eux, toute espèce de contrats.

(1) Art. 78. Code civil russe.
(2) Art. 84. *Ibid.*

III

Suède

Le Code de la Suède a conservé le vieux souvenir du *Morgen-Gab*, ce don du matin des coutumes germaines ; en a fait, sous le nom de *Don du lendemain*, une obligation pour le mari, qui doit le fixer, avant la célébration du mariage, en meubles ou immeubles sur sa fortune particulière.

La femme a droit, à la dissolution du mariage, au tiers des acquêts, et en outre reprend tout ce qui est produit de son industrie particulière.

Les avantages accordés par le mari ne doivent pas excéder un dixième de ses biens, et ils tombent, si la femme devenue veuve se remarie.

La femme ne peut ester en justice, ou agir elle-même, c'est le mari qui la représente.

Si les époux sont séparés *de lit et de table (a mensâ et tauro)*, et que la séparation ait été prononcée contre le mari, ce sera la femme qui prendra l'administration des biens, elle sera assistée d'un conseil nommé par la justice, et donnera à son mari une somme fixée par la justice pour ses besoins.

IV

Suisse.

Dans le Code de Berne, la femme ne peut aliéner sans autorisation de son mari, sauf certains biens qui lui sont réservés ; ces biens sont : ses habits, ses hardes, les meubles à son usage, les sommes fixées par le mari pour *épingles*, les dons nuptiaux et les donations entre-vifs (art. 90). Elle peut disposer librement de tous ces biens ; les dettes qu'elle contracte ne peuvent être poursuivies que jusqu'à concurrence de ces biens.

La femme a un privilége pour la garantie de ses apports, et ce privilége ne peut être abandonné par elle qu'assistée de deux parents et avec l'autorisation du tribunal.

Les droits du mari sur les biens de la femme cessent dès qu'il est tombé en faillite.

La femme coupable d'adultère ne peut se remarier à la dissolution de son mariage (art. 42).

Dans le canton de Vaud, la femme a besoin pour aliéner, non-seulement du consentement de son mari, mais encore de l'autorisation de deux de ses plus proches parents. Si la femme s'oblige dans l'intérêt de son mari, elle aura besoin de l'autorisation du juge de paix.

Dans le canton de Genève, la femme ne peut s'obliger directement ou indirectement, comme partie principale ou comme caution, si elle n'y est formellement autorisée par deux conseillers commis par le procureur général.

V.

AUTRICHE.

Le Code autrichien va plus loin qu'aucune des autres législations quant à la capacité de la femme mariée, car il lui permet de s'engager sans autorisation (art. 91).

L'article 90 proclame l'égalité des époux pour la prestation du devoir conjugal ; ce droit général du mari, de régler l'éducation de ses enfants et les principes de leur religion lui est retiré en Autriche : au cas de différence des époux dans leur foi religieuse, la loi règle la religion des enfants.

La femme et le mari peuvent se faire pendant le mariage des donations qui sont irrévocables comme les donations entre-vifs ordinaires (art. 1246).

VI.

HOLLANDE.

Le Code hollandais veut que les époux s'adressent à la justice au cas d'intérêts contraires ; mais sa disposition la plus remarquable, est celle qui permet à la femme de revenir, après la dissolution du mariage, sur les obligations exécutées par elle mais dénuées dans le principe de l'autorisation au moment du contrat (art. 172).

VII.

ITALIE.

Dans la manière dont la puissance maritale est organisée le Code italien présente avec le nôtre plusieurs différences de détail qu'il ne sera pas sans intérêt de signaler.

L'autorisation maritale n'est plus nécessaire si le mari est mineur, interdit, absent, condamné à de certaines peines. L'on n'a plus à recourir comme chez nous à une autorisation judiciaire ; la femme a commencé d'être capable au moment où le mari a cessé de l'être ; car, la seule cause de l'incapacité de la femme, c'était la puissance du mari.

L'autorisation maritale cesse encore d'être requise à dater de la séparation de corps. Si la séparation a eu lieu par la faute de la femme, c'est la justice qui autorise ; si c'est par la faute du mari, il n'est plus besoin d'aucune autorisation.

Le mari peut par acte public donner à sa femme une autorisation générale qu'il sera d'ailleurs toujours maître de révoquer.

L'autorisation maritale est insuffisante toutes les fois qu'il y a quelque opposition d'intérêts entre les époux, par exemple, si la femme veut contracter avec son mari, ou si elle veut s'obliger pour lui et le cautionner ; il faut alors que le tribunal intervienne.

Voilà les nouvelles dispositions de la législation italienne : c'est un pas de plus dans la voie du progrès.

Nous voici au bout de la carrière, jetant un rapide coup d'œil sur notre travail, nous voyons que la condition de la femme a subi bien des transformations. Espérons que ce ne seront pas les seules ! Mais laissons à de plus savants le soin de montrer les progrès que la législation peut faire ; pour terminer, citons les paroles d'un célèbre moraliste du dernier siècle qui sont en quelque sorte le résumé de notre travail :

« La femme chez les sauvages est une bête de somme ; dans l'Orient un meuble, chez les Européens un enfant gâté.(1). »

(1) Duclos.

TABLE DES MATIÈRES

LÉGISLATIONS ANCIENNES.

DROIT ROMAIN.

ANCIEN DROIT FRANÇAIS.

DROIT FRANÇAIS.

LÉGISLATIONS CONTEMPORAINES.

182 ABBEVILLE — IMP. BRIEZ, C. PAILLART ET RETAUX

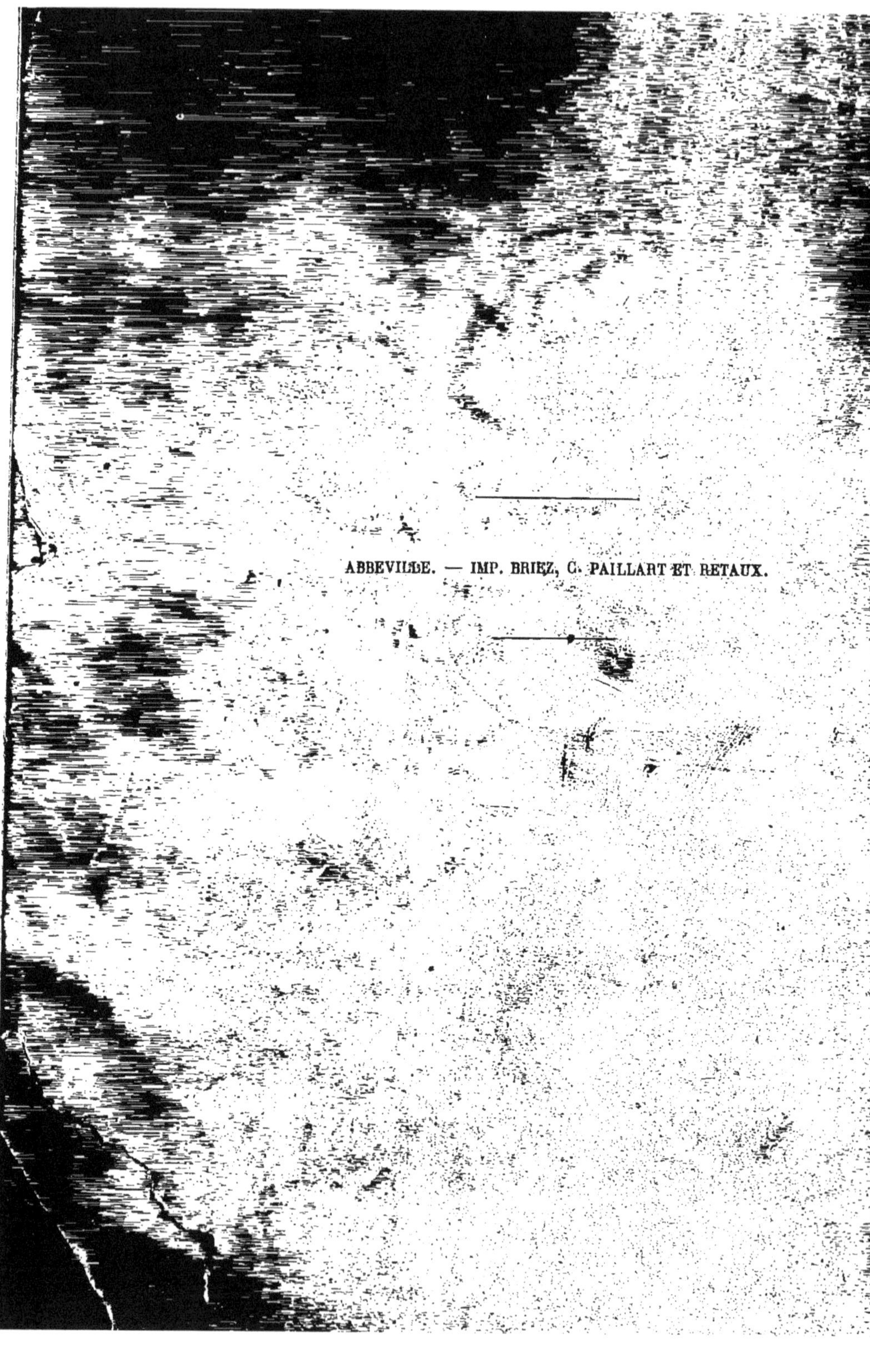

ABBEVILLE. — IMP. BRIEZ, C. PAILLART ET RETAUX.

www.ingramcontent.com/pod-product-compliance
Ingram Content Group UK Ltd.
Pitfield, Milton Keynes, MK11 3LW, UK
UKHW022101190726
13855UKWH00002B/571